Deutsch als Fremdsprache

Gerald Huschka

# Deutsche Grammatik sehen und verstehen



Verlag Liebaug-Dartmann

Meckenheim 2021
ISBN 978-3-922989-99-8

# Vorwort

„Ein Bild sagt mehr als tausend Worte."

„Deutsche Grammatik sehen und verstehen" ist ein Grammatikwerk der anderen Art, da es vorwiegend auf die Macht der Bilder vertraut. Das Werk eignet sich für Lernende aus allen Herkunftsländern, weil es die Grammatik anhand von Illustrationen veranschaulicht.

Dem Buch liegt folgende Konzeption zugrunde: Die neue grammatikalische Erscheinung wird anschaulich durch Illustrationen mit kurzen Erklärungen präsentiert. So wird die Funktion und Bedeutung der Form auf zweierlei Weise verdeutlicht. Später ist eine schnelle Wiederholung der gelernten Form unkompliziert und ohne langes Nachlesen möglich, da auf weitschweifige und zu lange Erläuterungen in einer für die Lernenden fremden Sprache verzichtet wurde.

Bei der Gestaltung der Bildseiten wurden lern- und wahrnehmungspsychologische Prinzipien berücksichtigt:

- Bild und Text stehen in einem engen Verhältnis.
- Die Illustration ist entweder die direkte bildliche Darstellung der dazugehörigen Unterschrift (z. B. Der Mann schläft. → Zu sehen ist ein schlafender Mann.) oder schafft die Rahmensituation für den Beispielsatz (direkte Rede der gezeigten Figuren).
- Die meisten Blätter präsentieren Bildungsweise, Verwendung und Bedeutung der neuen Formen auf einem Blatt. Der Lernende erhält so einen Gesamtüberblick über das neue Thema. Die Satzbeispiele sind einfach und kurz gehalten. Lange Sätze und kompliziertes Vokabular würden die Lernenden verwirren, ablenken und das Verständnis der neuen Form erschweren.
- Die Seiten sind klar gegliedert, ein unnötig langes Umherschweifen des Blickes wird vermieden. Verschiedene Aspekte eines Themas (z. B. maskuline, feminine und neutrale Formen) sind auch räumlich getrennt dargestellt.
- Die teils humorvollen Darstellungen sprechen den emotionalen Bereich der Lernenden an und motivieren zusätzlich.

Durch die oben genannte Aufbereitung des Lehrmaterials fällt es den Lernenden leichter, die neuen Formen und ihre Funktion zu verstehen und auf Dauer im Langzeitgedächtnis zu verankern.

# Inhaltsverzeichnis

# Das Substantiv

Nominativ

Nominativ • Akkusativ

Dativ

Dativ • Akkusativ
bestimmter Artikel

Dativ • Akkusativ
unbestimmter Artikel

Genitiv

n-Deklination

Negation
(Nominativ • Akkusativ)

Substantive aus dem
Adjektiv, Partizip I, Partizip II

Das Substantiv Singular
(Übersicht Nominativ, Akkusativ, Dativ, Genitiv)

Das Substantiv Plural
(Übersicht Nominativ, Akkusativ, Dativ, Genitiv)

# Nominativ

| Maskulinum | Femininum | Neutrum |
|---|---|---|

| Maskulinum | Femininum | Neutrum |
|---|---|---|
| Da ist **ein** Mann.<br>**Der** Mann telefoniert. | Da ist **eine** Frau.<br>**Die** Frau lacht. | Da ist **ein** Kind.<br>**Das** Kind weint. |
| Da ist **ein** Ball.<br>**Der** Ball ist rund. | Da ist **eine** Blume.<br>**Die** Blume ist weiß. | Da ist **ein** Messer.<br>**Das** Messer ist scharf. |

Plural

| | | | | | |
|---|---|---|---|---|---|
| Da sind ---- | Männer<br>Frauen<br>Kinder | . | **Die** | Männer<br>Frauen<br>Kinder | lächeln. |

# Nominativ

Subjekt

| Maskulinum | Femininum | Neutrum |
|---|---|---|
| ein **der** Apfel | eine **die** Wurst | ein **das** Ei |

Hier ist [ein] Apfel.
[Der] Apfel ist groß.

Hier ist [eine] Wurst.
[Die] Wurst ist heiß.

Hier ist [ein] Ei.
[Das] Ei ist frisch.

Plural: [--- **die**] Da sind ---- Äpfel • Würste • Eier.
**Die** Äpfel • Würste • Eier sind frisch.

# Akkusativ

direktes Objekt

| Maskulinum | Femininum | Neutrum |
|---|---|---|
| ↓ einen **den** Apfel | eine **die** Wurst | ein **das** Ei |

Hans isst [einen / den] Apfel. Anna isst [eine / die] Wurst. Otto isst [ein / das] Ei.

Plural: Otto isst [--- **die**] Äpfel • Würste • Eier.

**Nom./Akk.**: *Der Hund* (Nom.) frisst. • *Der Professor* (Nom.) kauft *den Hund* (Akk.). • *Die Katze* (Nom.) schläft. • Die Frau (Nom.) trägt *die Katze* (Akk.). • *Das Pferd* (Nom.) trabt. • *Das Kind* (Nom.) beobachtet *das Pferd* (Akk.).

# Dativ

indirektes Objekt

| Maskulinum | Femininum | Neutrum |
|---|---|---|

| Poldi gibt **einem / dem** **Mann** 100 Euro. | Poldi gibt **einer / der** **Frau** 100 Euro. | Poldi gibt **einem / dem** **Kind** 100 Euro. |
|---|---|---|

**Beispiele**
Otto kauft dem Chef Pralinen.
Peter gibt dem Hund Wasser.

**Beispiele**
Anna kauft der Chefin Parfüm.
Maria gibt der Katze Milch.

**Beispiele**
Bobo gibt dem Pferd Zucker.
Diana bringt dem Zebra Futter.

Plural: Poldi gibt --- / **den** Männer***n*** / Fraue**n** / Kinder***n*** 100 Euro.

Dativ Plural: Endung -n

# Dativ Akkusativ

indirektes Objekt → Dativ; direktes Objekt → Akkusativ

**Nominativ**
Subjekt

bestimmter Artikel

Kaspar gibt | dem Mann (Maskulinum) | den Apfel (Mask.) • die Wurst (Fem.) • das Brot. (Neut.)

Kaspar gibt | der Frau (Femininum) | den Apfel • die Wurst • das Brot.

Kaspar gibt | dem Kind (Neutrum) | den Apfel • die Wurst • das Brot.

Plural Kaspar gibt | den (Dativ) | Männern • Frauen • Kindern | die (Akkusativ) | Äpfel • Würste • Brote.

Beisp.:
Der Lehrer (Nom.) gibt dem Schüler (Dat.) das Heft (Akk.).
Die Polizistin (Nom.) zeigt der Frau (Dat.) den Weg (Akk.).
Das Mädchen (Nom.) bringt den Gästen (Dat.) den Kaffee (Akk.).

# Dativ — Akkusativ

unbestimmter Artikel
Possessivartikel

Nominativ: Subjekt — Dativ: indirektes Objekt — Akkusativ: direktes Objekt

| Nominativ | Maskulinum | Mask. | Fem. | Neut. |
|---|---|---|---|---|
| Claudia gibt | einem Mann | einen Apfel • | eine Wurst • | ein Brot. |
| | meinem • deinem<br>seinem • ihrem • seinem<br>unserem • eurem<br>ihrem • Ihrem | meinen • deinen<br>seinen • ihren • seinen<br>unseren • euren • ihren<br>Ihren | meine • deine<br>seine • ihre • seine<br>unsere • eure<br>ihre • Ihre | mein • dein<br>sein • ihr • sein<br>unser • euer<br>ihr • Ihr |

| Nominativ | Femininum | Akkusativ |
|---|---|---|
| Claudia gibt | einer Frau | einen Apfel • eine Wurst • ein Brot. |
| | meiner • deiner<br>seiner • ihrer • seiner<br>unserer • eurer<br>ihrer • Ihrer | |

| Nominativ | Neutrum | Akkusativ |
|---|---|---|
| Claudia gibt | einem Kind | einen Apfel • eine Wurst • ein Brot. |
| | meinem • deinem<br>seinem • ihrem • seinem<br>unserem • eurem<br>ihrem • Ihrem | |

| Plural | | Dativ | | Akkusativ |
|---|---|---|---|---|
| Kaspar gibt | --- | Männern • Frauen • Kindern | --- | Äpfel • Würste • Brote. |
| | | meinen • deinen • seinen • ihren • seinen • unseren • euren • ihren • Ihren | | meine • deine • seine • ihre • seine unsere • eure • ihre • Ihre |

**Beisp.:**
Eine Frau (Nom.) gibt einem Kind (Dat.) ein Bonbon (Akk.).
Ein Kind (Nom.) bringt einer Frau (Dat.) einen Brief (Akk.).
Ein Zauberer (Nom.) zeigt Kindern (Dat.) einen Trick (Akk.).
Mein Vater (Nom.) gibt seinem Hund (Dat.) einen Knochen (Akk.).

# Genitiv

Maskulinum | Femininum | Neutrum

| Das ist der Kopf **des** Mannes. | Das ist der Kopf **der** Frau. | Das ist der Kopf **des** Kindes. |
|---|---|---|

| Das ist der Kopf **eines** Mannes. | Das ist der Kopf **einer** Frau. | Das ist der Kopf **eines** Kindes. |
|---|---|---|
|  |  |  |
| meines • deines<br>seines • ihres • seines<br>unseres • eures<br>ihres • Ihres | meiner • deiner<br>seiner • ihrer • seiner<br>unserer • eurer<br>ihrer • Ihrer | meines • deines<br>seines • ihres • seines<br>unseres • eures<br>ihres • Ihres |

**Mask. und Neut.**

des ...-es

- Substantive auf -s, - ß, -x, -tsch, -z
  das Haus → **des** Hauses • der Strauß → **des** Straußes
  der Reflex → **des** Reflexes • der Kitsch → **des** Kitsches
  das Gewürz → **des** Gewürzes
- viele einsilbige Substanive
  der Mann → **des** Mannes • das Buch → **des** Buches
  der Topf → **des** Topfes • das Kind → **des** Kindes

des ... -s

- oft: mehrsilbige Substantive
  der Lehrer → **des** Lehrers • der Monat → **des** Monats
  das Mädchen → **des** Mädchens • der Sessel → **des** Sessels
- Substantive auf Vokal oder Vokal + h
  der Schnee → **des** Schnees • der Schuh → **des** Schuhs
  der Floh → **des** Flohs • das Auto → **des** Autos

Beisp: Da ist der Wagen des Kanzlers. • Der Preis der Waschmaschine ist 2000 Euro. • Der Besitzer des Hauses ist Millionär.
Der Vater der Kinder kommt nur am Wochenende nach Hause. • Die Telefonnummer des Professors steht in meinem Notizbuch.

**Plural** Hier sind die Namen **der** Männer | Frauen | Kinder .

# n-Deklination

**-n -en**

## Nominativ

Der Affe heißt Enno.

Beispiele

Der Junge ist 8 Jahre alt.
Der Nachbar ist sehr nett.
Der Friede ist wichtig.
Der Patient ist wieder gesund.
Der Kommunist diskutierte engagiert.
Der Biologe bekam den Nobelpreis.
Der Elefant schlief.
Der Akrobat ging über das Seil.
Das Herz ist ein Organ.

## Akkusativ

Die Frau kauft den Affe**n**.

Ich sehe den Junge**n**.
Ich sehe den Nachbar**n**.
Ich bin für den Friede**n**.
Der Arzt untersucht den Patient**en**.
Ich verteidige den Kommunist**en**.
Ich besuche den Biologe**n**.
Ich kaufe den Elefant**en**.
Ich sehe den Akrobat**en**.
Der Arzt untersucht das Herz.

## Dativ

Onkel Tuk gibt
dem Affe**n** eine Banane.

Ich schenke dem Junge**n** 100 Euro.
Ich spiele mit dem Nachbar**n** Karten.
Im Friede**n**
Der Arzt spricht mit dem Patient**en**.
Ich diskutierte mit einem Kommunist**en**.
Ich sprach mit einem Biologe**n**.
Ich gebe dem Elefant**en** Futter.
Er wurde zum Akrobat**en**.
Dein Erfolg liegt mir am Herz**en**.

## Genitiv

Das ist der Kopf des Affe**n**.

Der Vater des Junge**n**
Das Auto des Nachbar**n**
Die Vorteile des Friede**ns**
Der Kopf des Patient**en**
Das neue Buch des Kommunist**en**
Die Forschungsergebnisse des Biologe**n**
Der Kopf des Elefant**en**
Die Vorstellung des Akrobat**en**
Die Leistungsfähigkeit seines Herz**ens**

### Maskulinum

**maskuline Substantive mit der Endung -e**

**Personen**
der Junge, der Bote, der Geselle, der Bulgare, der Däne, der Finne, der Franzose
der Kollege, der Genosse

**Tiere**
der Affe, der Hase, der Löwe

und viele andere

der Mensch • der Herr
der Bauer • der Nachbar

**einige abstrakte Substantive**

der Friede • der Gedanke
der Glaube • der Name

Genitiv: Endung -ns → des Friedens

**Wörter aus dem Lateinischen oder Griechischen**

a) *Typ „Patient"*
der Student, der Präsident ... usw.
b) *Typ „Kommunist"*
der Optimist, der Jurist ... usw.
c) *Typ „Biologe"*
der Theologe, der Pädagoge ... usw.
d) *Typ „Elefant"*
der Diamant, der Konsonant ... usw.
e) *Typ „Demokrat"*
der Advokat, der Bürokrat ... usw.

### Neutrum

das Herz

| | |
|---|---|
| Nom. | das Herz |
| Akk. | das Herz |
| Dat. | dem Herzen |
| Gen. | des Herzens |

# Negation

## kein-

### Nominativ

| Maskulinum | Femininum | Neutrum |
|---|---|---|
|  |  |  |
| Hier ist ein Fisch. | Hier ist eine Torte. | Hier ist ein Haus. |
| 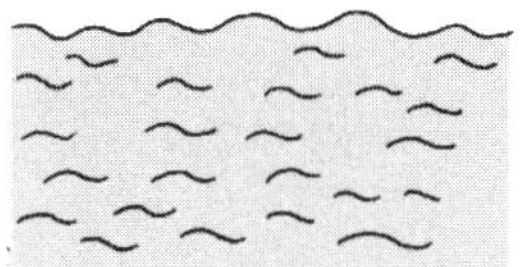 | 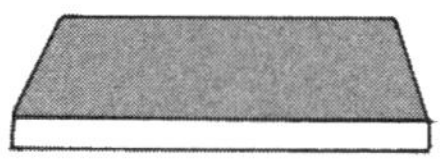 |  |
| Hier ist **kein** Fisch. | Hier ist **keine** Torte. | Hier ist **kein** Haus. |

Plural: Hier sind — Fische / Torten / Häuser. • Hier sind **keine** Fische / Torten / Häuser.

### Akkusativ

| Maskulinum | Femininum | Neutrum |
|---|---|---|
|  |  |  |
| Er trägt einen Hut. | Sie trägt eine Brille. | Sie trägt ein Kleid. |
|  |  |  |
| Sie trägt **keinen** Hut. | Er trägt **keine** Brille. | Er trägt **kein** Kleid. |

Plural: Ich habe — Fische / Torten / Häuser. • Ich habe **keine** Fische / Torten / Häuser.

# Substantive
## aus dem ...

### Adjektiv

blind

der Blinde — die Blinde

ein <u>blinder</u> Mann → ein <u>Blinder</u>

### Partizip I

reisen → reisen**d**

der Reisende — die Reisende

### Partizip II

versterben → verstorben

der Verstorbene — die Verstorbene

| | Maskulinum | Femininum | Plural |
|---|---|---|---|
| Nominativ | ein Blinder / der Blinde | eine / die Blinde | — Blinde / die Blinden |
| Akkusativ | einen / den Blinden | eine / die Blinde | — Blinde / die Blinden |
| Dativ | einem / dem Blinden | einer / der Blinden | — Blinden / den Blinden |
| Genitiv | eines / des Blinden | einer / der Blinden | — Blinder / der Blinden |

**Beispiele**

**<u>aus dem Adjektiv:</u>**
der Adlige • der Bekannte • der Verwandte • der Arbeitslose
der Deutsche • der Fremde • der Blonde • der Kranke
der Schuldige • der Tote • der Taubstumme • der Jugendliche

**<u>aus dem Partizip I:</u>**
der Lernende • der Überlebende • der Leidtragende
der Heranwachsende • der Vorsitzende • der Diensthabende

**<u>aus dem Partizip II:</u>**
der Angeklagte • der Angestellte • der Beamte (aber: die Beamtin)
der Behinderte • der Betrogene • der Betrunkene • der Gelehrte
der Gefangene • der Geschiedene • der Verlobte • der Verletzte
der Verliebte • der Verheiratete • der Vorgesetzte

# Das Substantiv

## SINGULAR

| | **der – den – dem – des ..s**<br>Nom. Akk. Dat. Gen. | **die – die – der – der**<br>Nom. Akk. Dat. Gen. | **das – das – dem – des ..s**<br>Nom. Akk. Dat. Gen. |
|---|---|---|---|
| | **Maskulinum** | **Femininum** | **Neutrum** |
| Nominativ | <br>Da ist **ein** Mann.<br>**Der** Mann ist nett. | <br>Da ist **eine** Frau.<br>**Die** Frau ist schön. | <br>Da ist **ein** Kind.<br>**Das** Kind ist klein. |
| Akkusativ | <br>Bob fotografiert **einen / den** Mann. | <br>Bob fotografiert **eine / die** Frau. | <br>Bob fotografiert **ein / das** Kind. |
| Dativ | <br>Max gibt **einem / dem** Mann 100 Euro. | <br>Max gibt **einer / der** Frau 100 Euro. | <br>Max gibt **einem / dem** Kind 100 Euro. |
| Genitiv | <br>Das ist der Kopf **eines / des** Mannes. | <br>Das ist der Kopf **einer / der** Frau. | <br>Das ist der Kopf **eines / des** Kindes. |

# Das Substantiv

## PLURAL

**die – die – den ..n – der**
Nom. Akk. Dat. Gen.

Nominativ

Da sind **----** Männer Frauen Kinder.
**Die** Männer Frauen Kinder sind nett.

Akkusativ

Anna fotografiert **---- die** Männer Frauen Kinder.

Dativ

Waldo gibt **---- den** Männer**n** Frauen Kinder**n** 100 Euro.

Genitiv

Das sind die Köpfe *** der** Männer Frauen Kinder.

*→ Dativ Plur.: von Männer**n** • Fraue**n** • Kinder**n**

# Personalpronomen
## und Possessivartikel

Personalpronomen • Singular
Nominativ

Personalpronomen • Plural
Nominativ

Personalpronomen • Akkusativ

Personalpronomen • Dativ

es

Possessivartikel • Nominativ

# Personalpronomen

## Singular • Nominativ

# Personalpronomen

## Plural • Nominativ

# Personalpronomen

## Akkusativ

| Nominativ | **Akkusativ** | Nominativ | **Akkusativ** |
|---|---|---|---|
| ich | **mich** | wir | **uns** |
| du | **dich** | ihr | **euch** |
| er | **ihn** | | |
| sie | **sie** | sie, Sie | **sie, Sie** |
| es | **es** | | ↑ formell |

# Personalpronomen

## Dativ

| Nominativ | Akkusativ | **Dativ** | Nominativ | Akkusativ | **Dativ** |
|---|---|---|---|---|---|
| ich | mich | **mir** | wir | uns | **uns** |
| du | dich | **dir** | ihr | euch | **euch** |
| er | ihn | **ihm** | | | |
| sie | sie | **ihr** | sie, Sie | sie, Sie | **ihnen**, **Ihnen** |
| es | es | **ihm** | | | ↑ formell |

# es

## Pronomen

(Substantiv)
Er trägt ein Hemd.
Es ist aus Baumwolle.

(Adjektiv)
Er ist groß.
Sein Vater war es auch.

(Satz)
Er trägt eine Perücke.
Seine Kollegen wissen es.

## Verben mit obligatorischem es

Es regnet.

## Leerwort auf Position 1

Es warten zwei Herren vor der Tür.

= Zwei Herren warten vor der Tür.

## Platzhalter für einen Nebensatz

**„Dass so viele Menschen gekommen sind**, ist schön."

# Possessivartikel

## Nominativ

„Ist das **Ihr** Auto?"

„Das ist nicht **mein** Auto
Das ist **sein** Auto."

„Ist das **dein** Auto,Tante Anna?"

„Ist das **euer** Ball?"

„Nein, das ist **ihr** Ball."

| | Maskulinum | | Femininum | | Neutrum | | Plural | | |
|---|---|---|---|---|---|---|---|---|---|
| Das ist... | ein | Ball. | eine | Tasche. | ein | Auto. | Das sind | ------- | Bälle. |
| ich | mein | | meine | | mein | | | meine | |
| du | dein | | deine | | dein | | | deine | |
| er | sein | | seine | | sein | | | seine | |
| sie | ihr | | ihre | | ihr | | | ihre | |
| es | sein | | seine | | sein | | | seine | |
| | | | | | | | | | |
| wir | unser | | unsere | | unser | | | unsere | |
| ihr | euer | | eure | | euer | | | eure | |
| sie (Sie) | ihr (Ihr) | | ihre (Ihre) | | ihr (Ihr) | | | ihre (Ihre) | |

# DAS ADJEKTIV

# DAS ADJEKTIV

## laut

die ***laute*** Musik

| **Attribut** → dekliniert | | |
|---|---|---|
| ein | vorsichtig**er** | Mann |
| eine | vorsichtig**e** | Frau |
| ein | vorsichtig**es** | Kind |

Die Musik ist ***laut***.

| **Prädikativum** → nicht dekliniert | | | |
|---|---|---|---|
| Der | Mann | ist | vorsichtig. |
| Die | Frau | ist | vorsichtig. |
| Das | Kind | ist | vorsichtig. |

Max schreit ***laut***.

| **Adverbial** → nicht dekliniert | | | |
|---|---|---|---|
| Der | Mann | fährt | vorsichtig. |
| Die | Frau | fährt | vorsichtig. |
| Das | Kind | fährt | vorsichtig. |

# KOMPARATIV • SUPERLATIV

Adjektiv • Adverb

Martin ist klein. Frau Korb ist klein**er**. Peter ist **am** klein**sten**.

normal:

schnell → schnell**er** → **am** schnell**sten** • dick → dick**er** → **am** dick**sten**

| unregelmäßig | | |
|---|---|---|
| gut → | besser → | am besten |
| viel → | mehr → | am meisten |
| hoch → | höher → | am höchsten |
| gern → | lieber → | am liebsten |
| nah → | näher → | am nächsten |

**-er** teuer → teurer → am teuersten
**-el** dunkel → dunkler → am dunkelsten

| | | am ... - esten | | |
|---|---|---|---|---|
| **-d** | wild | → wilder | → | am wildesten |
| **-t** | intelligent | → intelligenter | → | am intelligentesten |
| **-s** | treulos | → treuloser | → | am treulosesten |
| **-ß** | süß | → süßer | → | am süßesten |
| **-sch** | frisch | → frischer | → | am frischesten |
| **-x** | lax | → laxer | → | am laxesten |
| **-z** | spitz | → spitzer | → | am spitzesten |

a → ä alt → älter → am ältesten • arg • arm • hart • kalt • krank
lang • nah • scharf • schwach • schwarz • stark • warm

u → ü jung → jünger → am jüngsten • dumm • gesund • klug • kurz

o → ö groß → größer → am größten • grob • hoch

# DER VERGLEICH

Goliath & Bobo

Goliath ist **größer** ***als*** Bobo.
Komparativ

Goliath ist ***so*** **alt** ***wie*** Bobo.

groß

Der groß**e** Mann heißt Goliath.

Der *größer***e** Mann heißt Goliath.

Nominativ
Maskulinum

Drago Goliath Bobo

Der *größt***e** Mann heißt Goliath.

Goliath ist der *größt***e**.

Deklination wie normale Adjektive

# ORDINALZAHLEN

Ordinalzahlen: Deklination wie normale Adjektive

## Datum

Heute ist
**der fünfte** Mai.

der 5. 5. → der fünfte Fünfte

„Am fünften Fünften 1990."

# ADJEKTIV + SUBSTANTIV

## SINGULAR

| | | Maskulinum | Femininum | Neutrum |
|---|---|---|---|---|
| Nominativ | Das ist ... | **r**<br>der gute Mann<br>ein guter<br>guter Kuchen | **e**<br>die gute *Frau*<br>eine gute<br>gute Milch | **s**<br>das gute Kind<br>ein gutes<br>gutes Wasser |
| Akkusativ | Ich sehe ... | **n**<br>den gute*n* Mann **n**<br>einen gute*n*<br>guten Kuchen | (wie Nominativ) | (wie Nominativ) |
| Dativ | mit ... | **m**<br>dem gute*n* Mann **n**<br>einem gute*n*<br>gutem Kuchen | **r**<br>der gute*n* Frau **n**<br>einer gute*n*<br>guter Milch | **m**<br>dem gute*n* Kind **n**<br>einem gute*n*<br>gutem Wasser |
| Genitiv | Das ist der Vorteil ... | **s**<br>des gute*n* Mannes **n**<br>eines gute*n*<br>gute*n* Kuchens | (wie Dativ) | **s**<br>des gute*n* Kindes **n**<br>eines gute*n*<br>gute*n* Wassers |

Was passiert hier?

Ein alter Mann gibt einem kleinen Hund einen großen Knochen.

Eine junge Frau gibt einer weißen Katze heiße Milch.

Ein kleines Kind gibt einem jungen Kamel frisches Wasser.

# ADJEKTIV + SUBSTANTIV

## Plural

| Kasus | | Endung | Artikel + Adjektiv | Substantiv | |
|---|---|---|---|---|---|
| Nominativ | Das sind … | e | die gute*n* / gute | Männer, Frauen, Kinder | n |
| Akkusativ | Ich sehe … | e | die gute*n* / gute | Männer, Frauen, Kinder | n |
| Dativ | mit … | n | den gute*n* / guten | Männer**n**, Frauen*n*, Kinder**n** | n |
| Genitiv | Das ist der Vorteil … | r | der gute*n* / guter | Männer, Frauen, Kinder | n |

## Die Nomengruppe

(Artikel) - Adjektiv - Substantiv

Dativ Maskulinum Singular

**m**
dem gute*n* Mann
1. Signal — 2. e — 3. extra n

**Regel**

1. **Signal** immer
2. Adjektiv: **e** immer
3. Adjektiv: **extra n** manchmal

Dativ Neutrum (Singular)

**m**
gute**m** Wasser
1. Signal — 2. e — 3. ~~extra n~~

Die alten Frauen zeigen den amerikanischen Reportern die kaputten Häuser.

Alte Frauen zeigen amerikanischen Reportern kaputte Häuser.

# ADJEKTIV + SUBSTANTIV

## MASKULINUM

| Der nett**e** Polizist | zeigt | dem alt**en** Mann | den neu**en** Wagen | des schwedisch**en** Königs. |
|---|---|---|---|---|
| Nominativ | | Dativ | Akkusativ | Genitiv |

# ADJEKTIV + SUBSTANTIV

## FEMININUM

Die nett**e** Studentin zeigt der alt**en** Frau die neu**e** Kutsche der schwedisch**en** Königin.

| Die nett**e** Studentin | zeigt | der alt**en** Frau | die neu**e** Kutsche | der schwedisch**en** Königin. |
|---|---|---|---|---|
| Nominativ | | Dativ | Akkusativ | Genitiv |

# ADJEKTIV + SUBSTANTIV

## NEUTRUM

Das blond**e** Mädchen mit dem weiß**en** Kleid fotografiert das schön**e** Eingangstor des alt**en** Schlosses.

| Das blonde Mädchen | mit | dem weißen Kleid | fotografiert | das schöne Eingangstor | des alten Schlosses. |
|---|---|---|---|---|---|
| Nominativ | | Dativ | | Akkusativ | Genitiv |

# ADJEKTIV + SUBSTANTIV

## PLURAL

Die jung**en** Frauen zeigen den amerikanisch**en** Touristen die prächtig**en** Fassaden der alt**en** Häuser.

Nominativ — Dativ — Akkusativ — Genitiv

# Die Zeiten

Präsens
(Konjugation des Verbs „rauchen“)

Präsens
(einfache Fragen und Antworten)

Präsens • Gebrauch

haben • Präsens

sein • Präsens

Präsens • unregelmäßig
e → ie • i    a → ä

Präteritum

Perfekt

Perfekt • Präteritum
(Vergleich)

Plusquamperfekt

Futur I

Futur II

# Präsens

rauch~~en~~

*ich* rauch**e**

*du* rauch**st**

* (*Sie* rauch**en**)
formell

er
sie
es
rauch**t**

*wir* rauch**en**

*ihr* rauch**t**

* (*Sie* rauch**en**)
formell

*sie* rauch**en**
(*Sie*)*

# Präsens

| | wohn**en** | komm**en** | heiß**en** | arbeit**en** |
|---|---|---|---|---|
| **ich** | wohn**e** | komm**e** | heiß**e** | arbeit**e** |
| **du** * | wohn**st** | komm**st** | heiß **t** | arbeit**est** |
| **er / sie / es** | wohn**t** | komm**t** | heiß**t** | arbeit**et** |
| **wir** | wohn**en** | komm**en** | heiß**en** | arbeit**en** |
| **ihr** | wohn**t** | komm**t** | heiß**t** | arbeit**et** |
| **sie, Sie** * | wohn**en** | komm**en** | heiß**en** | arbeit**en** |

* formell: **Sie**

„Woher kommt ihr?“

„Wir kommen aus Berlin.“

„Wie heißen ***Sie***?“ „Doktor Steif.“

# Präsens • Gebrauch

### ① Gegenwart: jetzt

Peter spielt (gerade) Fußball.

### ② Gegenwart: Gewohnheit

Peter spielt Fußball.

### ③ Allgemeingültige Aussagen

New York liegt in Amerika.

### ④ Zukunft

Er kommt morgen zurück.

① ***Gegenwart (jetzt):*** • Telefon: A: „Was machst du gerade?" – B: „Ich koche." • A: „Was ist los?" – B: „Ich habe Kopfschmerzen."
② ***Gegenwart (Gewohnheit):*** • Anna trinkt täglich Kaffee. • „Ich rauche nicht." • „Ich esse kein Fleisch, ich bin Vegetarier." • Peter lacht nie.
③ ***Allgemeingültige Aussagen:*** • Die Erde ist rund. • Der Adler ist ein Vogel. • Afrika ist ein Kontinent. • Jeder Mensch muss sterben.
④ ***Zukunft:*** • „Ich komme gleich wieder!" • „In zwei Wochen fliege ich nach Kanada !" • „Ich gehe heute Abend ins Kino."

# haben

## Präsens

ich habe • **du hast** • **er/sie/es hat** • wir haben • ihr habt • sie/Sie haben

*Sie* **hat** einen Hund.
Akkusativ

*Sie* **hat** lange Haare. *Er* **hat** keine Haare.

„**Hast** *du* den Schlüssel?“ „Nein, *ich* **habe** den Schlüssel nicht.“

*Er* **hat** Durst.

*Er* **hat** Hunger.

# sein

## Präsens

| | |
|---|---|
| **ich** | **bin** |
| **du** | **bist** |
| **er** / **sie** / **es** | **ist** |
| **wir** | **sind** |
| **ihr** | **seid** |
| **sie** (Sie) | **sind** |

Er ist in Paris.

Er ist krank.

Er ist alt.

# Präsens • unregelmäßig

**a → ä** | **e → i • ie**

Er fährt. Er läuft.

Sie isst. Sie sieht fern.

| | fahren | essen | sehen |
|---|---|---|---|
| **ich** | fahre | esse | sehe |
| ***du*** | fährst | isst | siehst |
| ***er/sie/es*** | fährt | isst | sieht |
| **wir** | fahren | essen | sehen |
| **ihr** | fahrt | esst | seht |
| **sie** (Sie) | fahren | essen | sehen |

| a → ä | | | e → i • ie | | |
|---|---|---|---|---|---|
| ich fahre | → | er fährt | ich breche | → | er bricht |
| ich laufe | → | er läuft | ich gebe | → | er gibt |
| ich schlafe | → | er schläft | ich helfe | → | er hilft |
| ich falle | → | er fällt | ich lese | → | er liest |
| ich lasse | → | er lässt | ich messe | → | er misst |
| ich trage | → | er trägt | ich nehme | → | er nimmt |
| ich wachse | → | er wächst | ich werfe | → | er wirft |
| und andere | | | | | und andere |

o → ö : ich stoße → er stößt

# Präteritum

21. Februar 2013

① 

Karl **kaufte** einen Fisch.
(a)

② 

Zu Hause **grillte** er den Fisch.
(a)

③ 

Er **hatte** Hunger. Er **aß** den Fisch.
(b) (c)

④ 

Nach dem Essen **war** er satt und zufrieden.
(c)

<u>Beisp.</u>: Karl wohnte von 1982 bis 2011 in München. Dann zog er nach Hamburg. Dort eröffnete er 2015 ein Schnellrestaurant. Das Lokal brannte zwei Jahre später ab. Karl war verzweifelt. Er trank und rauchte zu viel. Karl starb am 28. September 2019.

**t --**

| kauf~~en~~ → kauf**t**-... | |
|---|---|
| ich | kauf**te** |
| du | kauf**t***est* |
| er / sie / es | kauf**t***e* |
| wir | kauf**t***en* |
| ihr | kauf**t***et* |
| sie (Sie) | kauf**t***en* |

(a) regelmäßig

**t --**

| bring~~en~~ → brach**t**---- | |
|---|---|
| ich | brach**te** |
| du | brach**t***est* |
| er / sie / es | brach**t***e* |
| wir | brach**t***en* |
| ihr | brach**t***et* |
| sie (Sie) | brach**t***en* |

(b) Endung regelmäßig

**--**

| sein → **war**-- | |
|---|---|
| ich | **war** |
| du | **war***st* |
| er / sie / es | **war** |
| wir | **war***en* |
| ihr | **war***t* |
| sie (Sie) | **war***en* |

(c) unregelmäßig

# Perfekt

haben / sein + Partizip II

**Vergangenheit:** Erzählung

„Ich **bin** 1990 nach Pisa **gefahren**.
Ich **habe** dort den Turm **fotografiert**."

**Resultat**

„Ich **habe** mir das Bein **gebrochen**."

| **1. haben + Partizip II** | | | **2. sein + Partizip II** | | |
|---|---|---|---|---|---|
| ich | *habe* | | ich | *bin* | |
| du | *hast* | | du | *bist* | |
| er | | **gelacht** | er | | **gegangen** |
| sie | *hat* | | sie | *ist* | |
| es | | **getrunken** | es | | **gewesen** |
| wir | *haben* | **aufgemacht** | wir | *sind* | **gewandert** |
| ihr | *habt* | | ihr | *seid* | |
| sie | *haben* | | sie | *sind* | |
| (Sie) | | | (Sie) | | |

| regelmäßig — **Partizip II** | unregelmäßig |
|---|---|
| **ge ... t** | **ge ... en** |
| machen → **ge**mach**t** | gehen → **ge**gang**en** |
| spielen → **ge**spiel**t** | sein → **ge**wes**en** |
| ✂ aufmachen → auf**ge**mach**t** | ✂ aufstehen → auf**ge**stand**en** |
| **... t** | **... en** |
| untersuchen → untersuch**t** | verstehen → verstand**en** |
| stud*ieren* → studier**t** | |

**Zukunft:** abgeschlossene Handlung

„Wir **haben** bald alles **gestrichen**."

1. haben + Partizip II *die meisten Verben* z.B. kaufen: • Er hat ein Haus gekauft. • lesen: Sie hat ein Buch gelesen • schlafen: Ich habe geschlafen.
2. sein + Partizip II
a) Änderung des Ortes: • gehen: Ich bin gegangen.• laufen: Ich bin gelaufen. • fahren: Ich bin nach Hause gefahren • kommen → gekommen u.a.
b) Änderung des Zustandes: • aufwachen: Ich bin aufgewacht. • sterben: Er ist im April 1988 gestorben. • platzen: Der Ballon ist geplatzt. u.a.
c) sein • bleiben → sein: Ich bin in Berlin gewesen. • bleiben: Er ist nicht hier geblieben.

# Perfekt • Präteritum

## Erzählung (mündlich) — Präteritum • Perfekt

„Erst **haben** wir Pisa **besucht**. Dann **sind** wir nach Florenz **gefahren**."

„Erst **besuchten** wir Pisa. Dann **fuhren** wir nach Florenz."

## Erzählung (mündlich) — Präteritum • Perfekt

„1981 **habe** ich mir das Bein **gebrochen**."

„1981 brach ich mir das Bein."

## Bericht (schriftlich) — meistens Präteritum

1981 fuhr ich nach Pisa.
Ich blieb 3 Tage.
Dann fuhr ich
nach Florenz weiter.

## Resultat — Perfekt

„Ich **habe** mir das Bein **gebrochen**."

falsch:
~~„Ich brach mir das Bein."~~

# Plusquamperfekt

Präteritum

Eva konnte gestern Nacht nicht schlafen.

Sie **war** gestern Nachmittag in einem Café **gewesen**.
Sie **hatte** dort sieben Tassen Kaffee **getrunken**.

Plusquamperfekt

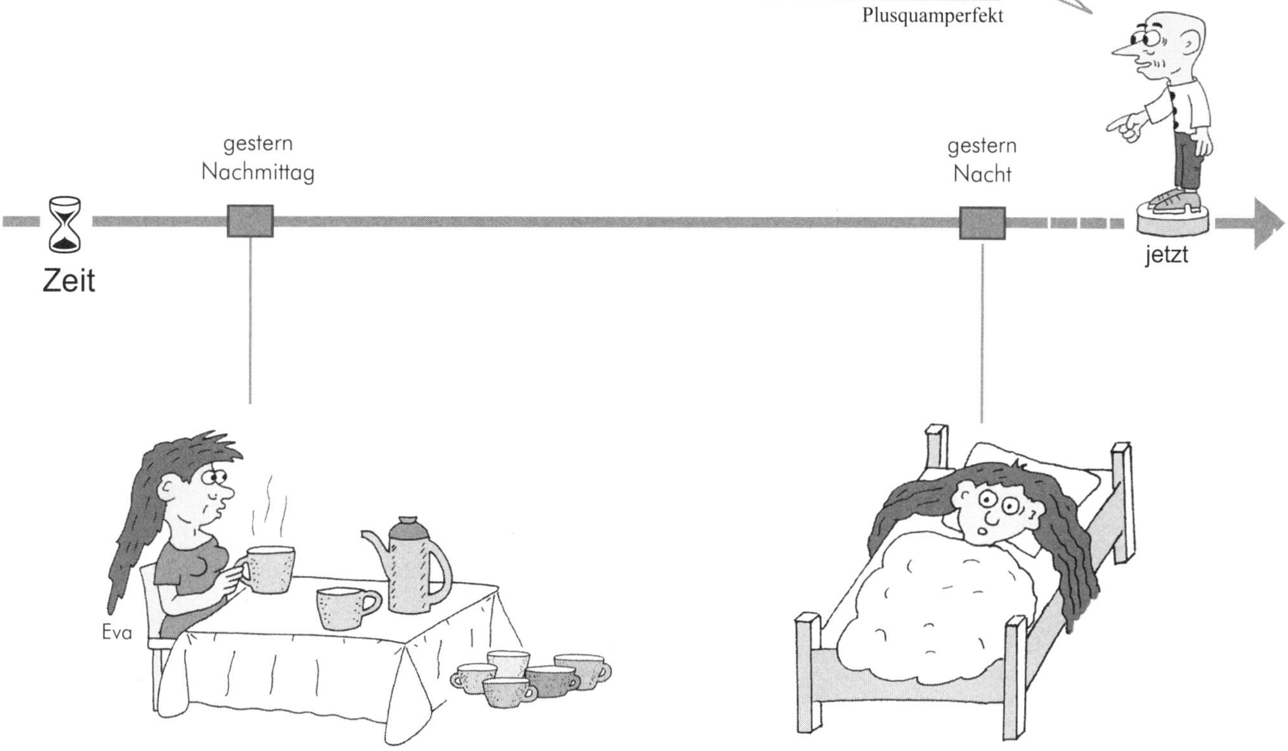


| hatte... + Partizip II | | |
|---|---|---|
| ich | *hatte* | |
| du | *hattest* | |
| er | | **gelacht** |
| sie | *hatte* | |
| es | | **getrunken** |
| wir | *hatten* | **aufgemacht** |
| ihr | *hattet* | |
| sie (Sie) | *hatten* | |

| war... + Partizip II | | |
|---|---|---|
| ich | *war* | |
| du | *warst* | |
| er | | **gegangen** |
| sie | *war* | |
| es | | **gewesen** |
| wir | *waren* | **aufgestanden** |
| ihr | *wart* | |
| sie (Sie) | *waren* | |

Beispiele: Nachdem er gegessen hatte, ging er ins Bett.
Nachdem sie nach Hause gekommen war, rief sie ihre Mutter an.
Er konnte die Haustüre nicht öffnen. Er hatte den Schlüssel verloren.

# Futur I

## Zukunft

**Voraussage**
**Ankündigung**

„Du wirst zwei Kinder bekommen."

## Gegenwart

**Vermutung**

„Wo ist Paul?"

„Er wird noch schlafen."

= „Wahrscheinlich schläft er noch."

<u>Beispiele</u>

Zukunft: Voraussage / Ankündigung

- 31. Dezember:
„Ich werde im neuen Jahr keinen Alkohol mehr trinken."
- „Er ist sehr krank. Er wird bald sterben."
- Fußball: „Die deutsche Mannschaft wird gewinnen."

Gegenwart: Vermutung

- „Wo ist Maria?" – „Sie wird noch schlafen."
- „Warum ist Max nicht gekommen?"
„Er wird für die Prüfung lernen."

| | | |
|---|---|---|
| ich | werde | |
| du | wirst | |
| er | | schlafen |
| sie | wird | |
| es | | essen |
| wir | werden | gewinnen |
| ihr | werdet | |
| sie (Sie) | werden | |

# Futur II

## Zukunft

**abgeschlossene Handlung**

Beispiele

In einigen Jahren wird die Weltbevölkerung auf 9 Milliarden gestiegen sein.

Morgen um 8 Uhr werde ich den ganzen Text übersetzt haben.

„Er wird bald alles gestrichen haben."

## Vergangenheit

**Vermutung**

Beispiele

„Warum hat Herr Ott so viel Geld?"
– „Er wird im Lotto gewonnen haben."

„Wo ist Peter?"
– Er wird nach Hause gegangen sein."

„Peter wird den Bus verpasst haben.
Sein Wecker wird kaputt gewesen sein." *

* =
Vermutlich hat Peter den Bus verpasst.

Vermutlich ist sein Wecker kaputt gewesen.

| PII + haben | | |
|---|---|---|
| ich | werde | |
| du | wirst | |
| er / sie / es | wird | gekauft haben<br>gefunden haben |
| wir | werden | verloren haben |
| ihr | werdet | |
| sie (Sie) | werden | |

| PII + sein | | |
|---|---|---|
| ich | werde | |
| du | wirst | |
| er / sie / es | wird | gewesen sein<br>gegangen sein |
| wir | werden | gekommen sein |
| ihr | werdet | |
| sie (Sie) | werden | |

# Wichtige Verbtypen und Verbformen

Das trennbare Verb

Das reflexive Verb • Akkusativ

Das reflexive Verb • Dativ

Imperativ

Verb + feste Präposition
(Erklärung / Beispiel: denken an)

Verb + feste Präposition
( Übersicht I )

Verb + feste Präposition
( Übersicht II )

Verb + feste Präposition
( Übersicht III )

Verben mit
Nominativ • Akkusativ
Dativ • Genitiv

# Das trennbare Verb

**auf**stehen

**auf**|stehen — **auf**stehen

Er steht **auf**. — Er ***kann*** nicht **auf**stehen.

Modalverb

| **ein**schalten | Modalverb | |
|---|---|---|
| Lukas schaltet das Radio **ein**. ⇧ | Lukas kann / darf / will / möchte / soll / muss | das Radio **ein**schalten. ⇧ |

- aufmachen → Ich mache die Flasche auf. Ich kann die Flasche nicht aufmachen.
- ankommen → Der Zug kommt um 16 Uhr an. Der Zug soll um 16 Uhr ankommen.
- ausschalten → Ich schalte das Licht aus. Ich muss das Licht noch ausschalten.

**an**rufen • **ab**lehnen • **auf**passen • **bei**bringen • **ein**laden • **fort**fahren • **her**bringen • **hin**bringen • **los**gehen • **mit**kommen • **nach**laufen • **vor**stellen • **weg**fahren • **wieder**kommen • **zu**machen • **zurück**kommen • **zusammen**stoßen und viele andere

# Das reflexive Verb

## Akkusativ

Das ist Herr Nikolaus.

| nicht reflexiv | reflexiv |
|---|---|
|  |  |
| Der Friseur rasiert ihn. | Er rasiert sich. |

***potentiell reflexive Verben*:** reflexiv oder nicht reflexiv:

waschen → Die Mutter wäscht sich. Die Mutter wäscht ihn.

waschen • kämmen • schminken • duschen • kratzen • anziehen • ausziehen • abtrocknen • baden • föhnen • motivieren und viele andere

***echt reflexive Verben*:** immer reflexiv:

sich beeilen → Franz beeilt sich. unmöglich: Franz beeilt ~~ihn.~~

sich beeilen • sich bedanken • sich erkundigen • sich verlieben • sich wundern • sich ereignen • sich beschweren • sich entschließen u. v. a.

| | | |
|---|---|---|
| ich | rasiere | mich |
| du | rasierst | dich |
| er / sie / es | rasiert | **sich** |
| wir | rasieren | uns |
| ihr | rasiert | euch |
| sie (Sie) | rasieren | **sich** |

# Das reflexive Verb

## Dativ

Das ist Angelika.

| nicht reflexiv | reflexiv |
|---|---|

Mario wäscht ihr die Haare.

„Was machst du?" „Ich wasche ***mir*** *die Haare."*

Sie wäscht sich die Haare.

**potentiell reflexiv**

sich etwas waschen → Ich wasche mir die Hände. / Du wäschst dir die Hände. / Er wäscht sich die Hände.

sich etwas putzen → Ich putze mir die Zähne / Schuhe.

sich etwas schneiden → Er schneidet sich die Haare / Fingernägel.

**echt reflexiv**

sich etwas merken → Hast du dir seinen Namen gemerkt?

sich etwas vorstellen → Ich stelle mir sein dummes Gesicht vor.

sich etwas ausdenken → Er hat sich eine Geschichte ausgedacht.

| | | Dativ | Akkusativ |
|---|---|---|---|
| ich | wasche | mir | |
| du | wäschst | dir | |
| er / sie / es | wäscht | **sich** | die Hände<br>den Kopf<br>das Gesicht |
| wir | waschen | uns | |
| ihr | wascht | euch | |
| sie (Sie) | waschen | **sich** | |

# Imperativ

• Sonderformen :

| | | |
|---|---|---|
| du hast | → | Hab! |
| du bist | → | Sei! |
| du wirst | → | Werd(e)! |
| Sie sind | → | Seien Sie! |

• regelmäßig :

| | | |
|---|---|---|
| ~~du~~ *komm*~~st~~ | → | Komm! |
| ~~du~~ *sieh*~~st~~ | → | Sieh! |
| ~~du~~ *läuf*~~st~~ | → | Lauf! |
| ~~du~~ *schläf*~~st~~ | → | Schlaf! |

unregelmäßig : ohne Umlaut

| | | |
|---|---|---|
| Sie kommen | → | Kommen Sie! |
| Sie sehen | → | Sehen Sie! |
| Sie laufen | → | Laufen Sie! |
| Sie schlafen | → | Schlafen Sie! |

| | | |
|---|---|---|
| ~~ihr~~ *kommt* | → | Kommt! |
| ~~ihr~~ *seht* | → | Seht! |
| ~~ihr~~ *lauft* | → | Lauft! |
| ~~ihr~~ *schlaft* | → | Schlaft! |

feste
# Verb + Präposition

**denken an + Akk.**

## Dinge • Situationen

denken ***an***
wor***an***?
← dar***an*** →

| | | |
|---|---|---|
| von | für | nach |
| wovon? | wofür? | wonach? |
| davon | dafür | danach |
| mit | bei | über |
| womit? | wobei? | worüber? |
| damit | dabei | darüber |
| um | auf | gegen |
| worum? | worauf? | wogegen? |
| darum | darauf | dagegen |

Ich *denke* **an** den Flugzeugabsturz. Ich *denke* immer **daran**.

Ich *denke* immer **daran**, dass das Flugzeug ins Meer gestürzt ist.

## Personen

denken ***an***
***an wen?***
***an*** + Personalpronomen

| | | |
|---|---|---|
| von | für | nach |
| von wem? | für wen? | nach wem? |
| mit | bei | über |
| mit wem? | bei wem? | über wen? |
| um | auf | gegen |
| um wen? | auf wen? | gegen wen? |

Ich *denke* **an** Paul. Ich *denke* immer **an ihn**.

Ich *denke* immer **daran**, dass er mich verlassen hat.
( Situation → daran )

**Beispiele**

sich fürchten vor + Dat.: Morgen ist die Prüfung. Ich fürchte mich davor. • Da kommt mein Chef. Ich fürchte mich vor ihm.
lachen über + Akk.: Der Witz war sehr lustig. Peter lachte darüber. • Der Clown war sehr lustig. Die Leute lachten über ihn.
träumen von + Dat.: Mein Opa war im Krieg. Er träumt oft davon. • Meine Oma starb vor 3 Jahren. Ich träume oft von ihr.

# Verb + feste Präposition

**warten auf + Akk.**

August **wartet auf** den Bus.

**Angst haben vor + Dat.**
**sich fürchten vor + Dat.**

Florian **fürchtet** sich **vor** der Spinne.

**träumen von + Dat.**

Volker **träumt von** Anna.

**sprechen mit + Dat.**

Mimi **spricht mit** Thomas.

**bitten um + Akk.**

Umberto **bittet um** Geld.

**schmecken nach + Dat.**

Astrofit **schmeckt nach** Banane.

**Bsp.**: • Peter wartet auf seine Oma. • „Ich warte auf meinen Bruder." • „Ich habe keine Angst vor dir." • Maxi fürchtet sich vor Mäusen. • „Ich habe von der Prüfung geträumt." • „Ich träume oft von dir." • Otto spricht nicht mehr mit seinem Vater. • „Liebe Zuschauer, ich bitte Sie um etwas Geduld. • Die Show beginnt in 5 Minuten." • Das Schnitzel schmeckt nach Pfeffer. • „Der Fisch schmeckt nach Zitrone."

# Verb + feste Präposition

**sorgen für + Akk.**
**sich kümmern um + Akk.**

Veronika **sorgt für** ihren Opa.
Sie kümmert sich um ihren Opa.

**sich sorgen um + Akk.**
**sich Sorgen machen um + Akk.**

Sie **macht sich Sorgen** um ihre Tochter.

**sprechen über + Akk.**

Sie **sprechen über** den Film.

**sich freuen auf + Akk.**

Er **freut sich auf** Weihnachten.

**schreiben an + Akk.**

Anna **schreibt an** ihren Opa.

**sich bedanken bei + Dat.**
**sich bedanken für + Akk.**

Benno **bedankt sich bei** seinem Bruder.
**für** die Torte.

**Beispiele:** • Peter arbeitet hart. Er muss für seine Frau und fünf Kinder sorgen. • „Ich mache mir Sorgen um deinen Mann. Er ist so blass." • Er spricht nicht über seine Probleme. • Maria freut sich auf die Party am Samstag.
• „Ich schreibe einen Brief an den Bundeskanzler."
• „Hast du dich schon bei Oma für das Geschenk bedankt?"

# Verb + feste Präposition

## riechen nach + Dat.

Das Parfüm **riecht nach** Lavendel.

## denken an + Akk.

Er **denkt an** seine Tochter.

## stolz sein auf + Akk.

Er **ist stolz auf** seinen Sohn.

## sich erinnern an + Akk.

Er **erinnert sich an** Fritzi.

## sein aus + Dat.

Die Flasche **ist aus** Glas.

## demonstrieren für / gegen + Akk.

Sie **demonstrieren für** mehr Urlaub / **gegen** Entlassungen.

**Beispiele**: • „Wo warst du? Dein Mantel riecht nach Rauch!" • „Du musst an deine Zukunft denken!" • Karola ist stolz auf ihre guten Noten. • „Ich kann mich nicht an meinen Großvater erinnern." • Die Dose ist aus Metall. • 10 000 Menschen demonstrierten gestern gegen die Regierung.

# Verben mit

Nominativ · Akkusativ · Dativ · Genitiv

Verb
Nom.

Der Mann schläft.

Beisp.: Der Hund stirbt. • Die Frau lacht. • Das Baby weint. • Der Professor niest. • Der Patient hinkt.

Verb
Nom. – Nom.

Der große Mann ist der Chef.

Beisp.: Herr Maier wird der neue Chef. Du bist und bleibst der Chef.

Verb
Nom. – Akk.

Der König fotografiert den Mann.

Beisp.: Der Mann isst einen Fisch. • Das Kind kauft einen Stift. • Ich liebe meine Frau.

Verb
Nom. – Dat. – Akk.

Der Mann gibt dem Hund einen Knochen.

Beisp.: Ich leihe dir ein Buch. • Der Mann schenkt seiner Frau Blumen. • Ich zeige dir mein Haus.

Verb
Nom. – Dat.

Die Frau hilft dem Mann.

Beisp.: Das Auto gehört dem Professor. • Diese Frau gefällt mir. • Die Pizza schmeckt mir.

Verb
Nom. – Akk. – Akk.
selten

Er nennt ihn einen Lügner.

Beisp.: Das kostet mich keinen Cent. Mein Opa lehrte mich das Lesen.

Verb
Nom. – Gen.
selten

Sie gedenken des toten Königs.

Beisp.: Sein Verhalten bedarf einer Erklärung.

Verb
Nom. – Akk. – Gen.
selten

Sie beschuldigt den Mann des Diebstahls.

Beisp.: Das Gericht klagte ihn des Mordes an. • Man verdächtigt ihn des Diebstahls.

# werden

ich werde du wirst er/sie/es wird wir werden ihr werdet sie (Sie) werden

## Veränderung

werden + Adjektiv / Substantiv

Er wird traurig.

## Passiv Präsens

werden + Partizip Perfekt

Er wird gekocht.

## Futur 1

werden + Infinitiv

Er wird kochen.

## Futur 2

werden + Infinitiv Perfekt

Er wird bald alles gestrichen haben.

# Modalverben

## und ähnliche Verben

müssen

können

dürfen

müssen • dürfen
nicht müssen / nicht brauchen • nicht dürfen

nicht dürfen • nicht können

sollen

müssen • sollen

wollen • „möcht-“

Modalverb
subjektive Aussage
müssen • können • sollen • wollen

Modalverb
subjektive Aussage
Konjunktiv: könnte • dürfte • müsste

sollte

lassen

sehen • hören • lernen •
gehen • bleiben + Infinitiv

haben zu • sein zu

# müssen

Du ***musst*** spätestens um 22.00 Uhr zu Hause sein.

Gehst du mit ins Kino?

Nein. Ich ***muss*** um 22.00 Uhr zu Hause sein.

Kommst du mit in die Calypso-Bar?

Nein. Ich ***muss*** schlafen.

Das ***muss*** Karl sein.

| | | |
|---|---|---|
| ich | **muss** | |
| du | **musst** | *arbeiten* |
| er / sie / es | **muss** | *schlafen* |
| | | *Tabletten nehmen* |
| wir | **müssen** | |
| ihr | **müsst** | |
| sie (Sie) | **müssen** | |

# können

| | | |
|---|---|---|
| ich | **kann** | |
| du | **kannst** | *schwimmen* |
| er / sie / es | **kann** | *kommen* |
| | | *kochen* |
| wir | **können** | |
| ihr | **könnt** | |
| sie (Sie) | **können** | Infinitiv |

## 1. Fähigkeit

Sie **kann** *schwimmen.*

## 2. Möglichkeit

„Ich **kann** nicht *kommen.*
Meine Frau ist krank."

## 3. Erlaubnis

„Sie **können** *hereinkommen.*

Beispiele: 1) Fähigkeit: • Erika kann gut kochen. • Gerald kann jonglieren. • Franz kann gut Klavier spielen. 2) Möglichkeit: • Karli kann nicht schlafen. • „Ich kann morgen nicht mit dir Tennis spielen. Ich habe keine Zeit.": 3) Erlaubnis: • „Sie können nach Hause gehen." • Millionär: „Sie können jetzt das Dessert bringen." Butler: „Jawohl."

# dürfen

## 1. Erlaubnis

Beispiel:

Vater: „Du darfst heute bis 22 Uhr aufbleiben."

„**Darf** ich *fernsehen*?" „Gut. Du **darfst** *fernsehen*."

## 2. Verbot

Beispiele:

- Hier darf man nicht rauchen.
- Arzt: „Sie dürfen sich jetzt nicht bewegen."

„Sie **dürfen** nicht mehr *rauchen*."

| | | |
|---|---|---|
| ich | **darf** | |
| du | **darfst** | *rauchen.* |
| er / sie / es | **darf** | *fernsehen.* |
| | | *essen.* |
| wir | **dürfen** | |
| ihr | **dürft** | |
| sie (Sie) | **dürfen** | |
| | | Infinitiv |

# müssen

## nicht müssen • nicht brauchen

„Sie **müssen** das Fleisch **essen**.“

„Sie **müssen** das Fleisch **nicht essen**.“
„Sie **brauchen** das Fleisch **nicht zu essen**.“

# dürfen

## nicht dürfen

„Du **darfst** die Torte **essen**.“

„Du **darfst** die Torte nicht **essen**!“

# nicht dürfen

Verbot

Er darf nicht Trompete spielen.

falsch: ~~Er kann nicht Trompete spielen.~~

# nicht können

a) in dieser Situation b) generell: nicht gelernt

Er kann nicht Trompete spielen.

# sollen

| | | |
|---|---|---|
| ich | **soll** | |
| du | **sollst** | *kommen* |
| er | | |
| sie | **soll** | *trinken* |
| es | | |
| | | *haben* |
| wir | **sollen** | |
| ihr | **sollt** | |
| sie | **sollen** | |
| (Sie) | | Infinitiv |

## 1. Auftrag

„Müller **soll** zu mir kommen!"

„Sie **sollen** zum Chef kommen."

## 2. Pflicht (moralisch, religiös)

Du **sollst** nicht stehlen.

## 3. Wiederholung einer Aufforderung

„Hört auf! ...
Ihr **sollt** aufhören!"

**Beispiele: 1. Auftrag:** Telefon: A: „Kann ich mit Karl sprechen?" B: „Karl ist nicht da!" A: „Sagen Sie ihm bitte, er soll mich morgen anrufen!" • **2. Wiederholung einer Aufforderung:** Vater: „Komm her!"; Sohn: „Später!"; Vater: „Du sollst herkommen!" **3. Pflicht (moralisch, religiös):** Du sollst nicht morden. • Eltern sollen ihre Kinder gut behandeln.

# müssen

## eigener Entschluss

# sollen • müssen

## Rat / Anweisung von einer dritten Person (hier: Doktor)

# wollen • möcht-

## 1. Wunsch • Absicht

Beispiele:

- „Ich will nächstes Jahr nach Australien fliegen."
- „Ich möchte mir ein Haus kaufen."

Sie **will / möchte** *rutschen.*

## 2. als Vollverb

mit Objekt

Beispiele:

- „Ich möchte bitte ein Eis."
- „Ich möchte bitte 500 g Tomaten."

„Ich will eine Flasche Wein."

↑

**unfreundlich, direkt**

„Ich **möchte** bitte eine Flasche Wein."

| | | |
|---|---|---|
| ich | **will** | |
| du | **willst** | *schaukeln* |
| er / sie / es | **will** | *schlafen* |
| | | *gehen* |
| wir | **wollen** | |
| ihr | **wollt** | |
| sie (Sie) | **wollen** | Infinitiv |

| | | |
|---|---|---|
| ich | **möchte** | |
| du | **möchtest** | *schaukeln* |
| er / sie / es | **möchte** | *schlafen* |
| | | *gehen* |
| wir | **möchten** | |
| ihr | **möchtet** | |
| sie (Sie) | **möchten** | Infinitiv |

# Modalverben

## Subjektive Aussage

*müssen • können • sollen • wollen* + Infintiv

**Feste Überzeugung**

„Der Täter ***muss*** einen Schlüssel **gehabt haben**."

= „Ich bin sicher, der Täter hat einen Schlüssel gehabt."

**Möglichkeit**

„Otto ***kann*** keinen Alkohol **getrunken haben**."

= „Ich glaube, es ist nicht möglich, dass Otto Alkohol getrunken hat."

**Information ohne Garantie**

„Er ***soll*** sich noch nie **rasiert haben**."

= „Die Leute sagen, er hat sich noch nie rasiert."

**Behauptung (zweifelhaft)**

„Er ***will*** das Geld **gefunden haben**."

= „Er behauptet, er hat das Geld nur gefunden."

**Beispiele:** können „Max ist 17 Jahre alt." – „Das kann nicht stimmen. Er hat doch schon den Führerschein." • „Dieser Brief kann nicht von meinem Opa geschrieben worden sein. Das ist nicht seine Handschrift." • „Wo ist Seppi?" – „Der kann schon nach Hause gegangen sein." müssen „Mein Wagen ist weg. Er muss gestohlen worden sein." • „Vor 2 Minuten ist Herbert losgefahren und jetzt kommt er schon wieder zurück. Er muss etwas vergessen haben." sollen „Siehst du diesen Mann da? Er soll spanischer Hochsprung-Meister sein." • „Frau Notze soll schon mehr als siebenmal operiert worden sein." • „Der Bettler dort drüben soll früher einmal sehr reich gewesen sein." wollen „Die Mutter des Täters will von seinem Plan nichts gewusst haben." • „Der Zeuge will nichts gehört und gesehen haben."

# Modalverben Konjunktiv II

## Subjektive Aussage: *könnte • dürfte • müsste*

| | | |
|---|---|---|
| Peter ***könnte*** schon in Paris sein. | 55% | Peter ist vielleicht schon in Paris. |
| Peter ***dürfte*** schon in Paris sein. | 65% | Peter ist wahrscheinlich schon in Paris. |
| Peter ***müsste*** schon in Paris sein. | 85% | Peter ist sehr wahrscheinlich schon in Paris. |

Peter ist schon in Paris. 100%
↑
Wahrscheinlichkeit

| | |
|---|---|
| mit Infinitiv Präsens Aktiv | Peter müsste jetzt schon in Paris sein. • Er könnte gerade in einem Café sitzen. |
| mit Infinitiv Präsens Passiv | Peter könnte gerade untersucht werden. • Peter dürfte gerade in Paris operiert werden. |
| mit Infinitiv Perfekt Aktiv | Peter müsste gerade in Paris angekommen sein. • Er könnte Otto schon getroffen haben. |
| mit Infinitiv Perfekt Passiv | Peter müsste schon geröntgt worden sein. • Er könnte schon operiert worden sein. |

# sollte

## Modalverb ○ Konjunktiv II

Rat
Empfehlung

„Du solltest weniger rauchen.“

Pflicht

„Du solltest eigentlich in der Schule sein.“

<u>Beispiele:</u> • „Heute ist es kalt. Du solltest dich warm anziehen.“ • „Du bist schon vier Tage krank. Du solltest zum Arzt gehen.“ • „Du kannst nicht schlafen? Du solltest weniger Kaffee trinken.“ • „Du weißt nicht, wer Kolumbus war? Das solltest du aber schon wissen!“ • „Herbert ist schon fünf Jahre alt und kann noch nicht bis fünf zählen.“ – „Das sollte er aber schon können.“

# lassen

Erlaubnis

Er lässt sie telefonieren.

Auftrag

Sie lässt das Auto reparieren.

Auftrag

Sie lässt den Arzt kommen.

ich lasse • du lässt • er/sie/es lässt • wir lassen • ihr lasst • sie / Sie lassen **+ Infinitiv**

**Beispiele:** • Er lässt sein Kind allein nach Paris fahren. • Ich lasse mir die Haare schneiden. • Ich lasse ihn den Text übersetzen.

# sehen • hören • lernen • gehen • bleiben

## + Infinitiv

Er sieht ihn rauchen.

Er hört ihn Trompete spielen.

Sie lernt schreiben.

Er geht schwimmen.

Robert steht auf. Karl bleibt sitzen.

**Beispiele:** • Sie sieht ihn wegfahren. • Er sieht ihn kommen. • Sie hört ihn schreien. • Sie hört ihn Klavier spielen. • Karl lernt Rad fahren. • Ich lerne jetzt jonglieren. • Wir gehen heute tanzen. • Ich gehe Tennis spielen. • Alle setzen sich, nur Peter bleibt stehen. • Das Auto blieb stecken.

# haben … zu …
# sein … zu …

Der Hausmeister sagt: „Jeder Bewohner **muss** einmal pro Woche die Treppe **putzen**." „Der Müll **muss getrennt werden**."

| Die Schüler müssen | aufpassen. |
|---|---|
| **müssen** | Infinitiv **Aktiv** |
| **haben** | ***zu*** + Infinitiv **Aktiv** |
| Die Schüler haben | aufzupassen. |

Autofahrer müssen die Verkehrsregeln beachten.
↓
Autofahrer haben die Verkehrsregeln zu beachten.

| Der Text muss | übersetzt werden. |
|---|---|
| **müssen** | Infinitiv **Passiv** |
| **sein** | ***zu*** + Infinitiv **Aktiv** |
| Der Text ist | zu übersetzen. |

Die Verkehrsregeln müssen beachtet werden.
↓
Die Verkehrsregeln sind zu beachten.

# PASSIV

## Aktiv • Passiv
Präsens

## Aktiv • Passiv
Aktiv: Verben ohne Objekt
Aktiv: Verben mit Dativobjekt

## Passiv
Vorgangspassiv
Zustandspassiv

## Passiv
Präsens • Präteritum

## Passiv
Perfekt • Plusquamperfekt

## Passiv
Futur I • Futur II

## Passiv
Konjunktiv II Gegenwart
Konjunktiv II Vergangenheit

## Passiv
Konjunktiv I
Gegenwart / Vergangengenheit

## Modalverb • Passiv

## Passiv / Modalverb
Alternativen

# AKTIV • PASSIV

## Präsens

### Aktiv

Der Mann grillt **den Fisch.**

Nominativ    Akkusativ

### Passiv

**Der Fisch** wird **gegrillt.**

Nominativ

Der Fisch **wird** von dem Mann **gegrillt.**

Nominativ    von + Dativ

**Passiv**

| | werden + Partizip II | |
|---|---|---|
| ich | **werde** | |
| du | **wirst** | |
| er | | **geliebt** |
| sie | **wird** | |
| es | | **geschlagen** |
| wir | **werden** | **getragen** |
| ihr | **werdet** | |
| sie (Sie) | **werden** | |

# AKTIV • PASSIV

## Aktiv: Verb ohne Objekt

*Die Leute tanzen.* → ***Es*** *wird getanzt.*

Aktiv → Passiv

| Aktiv | Passiv („es" nur auf Position 1) |
|---|---|
| Die Leute tanzen heute. | ***Es*** wird heute getanzt. |
| | Heute wird getanzt. |

Es wird heute von den Leuten getanzt. • Heute wird von den Leuten getanzt. Von den Leuten wird heute getanzt.

Bsp.: Am Sonntag wird nicht gearbeitet. • An der Grenze wird nicht mehr kontrolliert.

## Aktiv: Verb mit Dativobjekt

*Eva hilft dem Mann* (Dativ). → **Dem** Mann (Dativ) wird geholfen.

Aktiv → Passiv

| Aktiv | Passiv („es" nur auf Position 1) |
|---|---|
| Eva hilft dem Mann. | ***Es*** wird dem Mann geholfen. |
| | **Dem Mann** wird geholfen. |

Dem Mann wird von Eva geholfen • Es wird dem Mann von Eva geholfen

Beisp.: Den Spendern (Pl.) wurde gedankt. • Mir wurde nicht geantwortet.

# PASSIV

*Vorgang*spassiv — werden + Partizip II

Zustandspassiv — sein + Partizip II

### Aktion

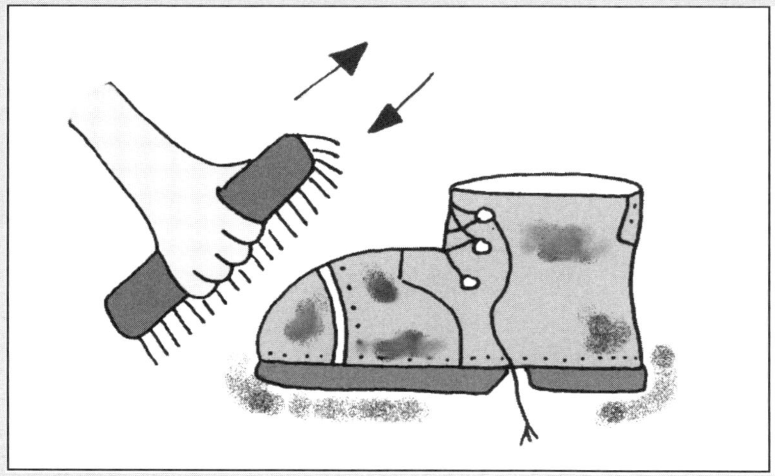

Der Schuh **wird** geputzt.

### Resultat

Der Schuh **ist** geputzt.

Das Resultat: Der Schuh ist jetzt sauber.

| Die Tür wird geöffnet.<br>Jemand öffnet gerade die Tür. | Die Tür ist geöffnet.<br>Sie ist offen. |
|---|---|
| Die Hose wird gewaschen.<br>Jemand wäscht die Hose. | Die Hose ist gewaschen.<br>Sie ist nicht mehr schmutzig. |
| Der Brief wird übersetzt.<br>Jemand übersetzt den Brief. | Der Brief ist übersetzt.<br>Er ist nicht mehr auf Arabisch. |

# PASSIV

werden + Partizip II

## Präsens

Das Kind **wird** getragen.

Aktiv: Die Mutter trägt das Kind.

| | | |
|---|---|---|
| ich | **werde** | |
| du | **wirst** | |
| er / sie / es | **wird** | geliebt<br>geschlagen<br>getragen |
| wir | **werden** | |
| ihr | **werdet** | |
| sie (Sie) | **werden** | Partizip II |

Bsp.: Das Ei wird gekocht. • Das Fleisch wird gebraten.

## Präteritum

Amerika **wurde** 1492 entdeckt.

Aktiv: Kolumbus entdeckte 1492 Amerika.

| | | |
|---|---|---|
| ich | **wurde** | |
| du | **wurdest** | |
| er / sie / es | **wurde** | entdeckt<br>gesucht<br>gefunden |
| wir | **wurden** | |
| ihr | **wurdet** | |
| sie (Sie) | **wurden** | Partizip II |

Bsp.: Eva wurde operiert. • Ich wurde nicht gefragt.

# PASSIV

## Perfekt

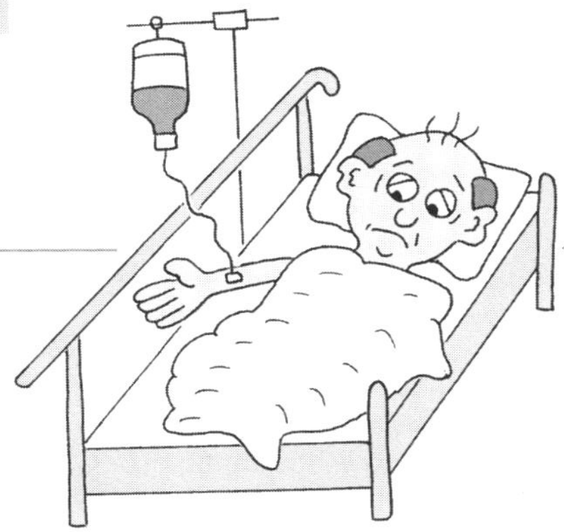

Er **ist** *operiert* **worden**.

Aktiv: Man hat ihn operiert.

| | | Partizip II | |
|---|---|---|---|
| ich | bin | | |
| du | bist | | |
| er / sie / es | ist | operiert | **worden** |
| | | gesucht | **worden** |
| wir | sind | gesehen | **worden** |
| ihr | seid | | |
| sie (Sie) | sind | | |

Beispiel: Ich bin von einem Hund gebissen worden.

Zeit — Otto war verurteilt worden. 2005 — Er saß noch im Gefängnis. 2013 — heute →

## Plusquamperfekt

Otto Mozart saß 2013 immer noch im Gefängnis.

Er **war** 2005 zu 10 Jahren *verurteilt* **worden**.

Aktiv: Man hatte ihn 2005 zu 10 Jahren verurteilt.

| | | Partizip II | |
|---|---|---|---|
| ich | war | | |
| du | warst | | |
| er / sie / es | war | verurteilt | **worden** |
| | | gesucht | **worden** |
| wir | waren | gefunden | **worden** |
| ihr | wart | | |
| sie (Sie) | waren | | |

Beispiel: Die Katze starb. Sie war überfahren worden.

# PASSIV

## Futur I

„Man wird Sie wieder wählen." (Aktiv)

„Sie **werden** wieder *gewählt* **werden**."

| | | Partizip II | |
|---|---|---|---|
| ich | **werde** | | |
| du | **wirst** | erkannt | **werden** |
| er / sie / es | **wird** | überfahren | **werden** |
| wir | **werden** | gefragt | **werden** |
| ihr | **werdet** | | |
| sie (Sie) | **werden** | | |

Beispiel: „Dein Brief an den Minister wird nie beantwortet werden."

## Futur II

„Es ist schon 9 Uhr. Wo bleibt Edi?"

„Die Polizei wird ihn verhaftet haben." (Aktiv)

„Er **wird** *verhaftet* **worden sein**."

= Er ist vermutlich verhaftet worden.

(Vermutung über die Vergangenheit)

| | | Partizip II | |
|---|---|---|---|
| ich | **werde** | | |
| du | **wirst** | angehalten | **worden sein** |
| er / sie / es | **wird** | verkauft | **worden sein** |
| wir | **werden** | entdeckt | **worden sein** |
| ihr | **werdet** | | |
| sie (Sie) | **werden** | | |

Beispiel: A: „Mein Auto ist weg!" – B: „Es wird gestohlen worden sein."

# PASSIV

## Konjunktiv 2 Gegenwart

„Komm zu mir! "

„Nein! Ich **würde** von den Haien gefressen (werden)."

Aktiv: „Die Haie würden mich fressen."

| | | Partizip II | |
|---|---|---|---|
| ich | **würde** | erkannt | (werden) |
| du | **würdest** | überfahren | (werden) |
| er / sie / es | **würde** | gefragt | (werden) |
| wir | **würden** | | |
| ihr | **würdet** | | |
| sie (Sie) | **würden** | | |

Beispiel: Ohne ihre Tätowierung würde Uta kaum beachtet (werden).

## Konjunktiv 2 Vergangenheit

„Ich **wäre** ohne die Flaschenpost nie gerettet **worden**."

Aktiv: „Man hätte mich ohne die Flaschenpost nie gerettet."

| | | Partizip II | |
|---|---|---|---|
| ich | **wäre** | gerettet | **worden** |
| du | **wär(e)st** | gefunden | **worden** |
| er / sie / es | **wäre** | geliebt | **worden** |
| wir | **wären** | | |
| ihr | **wär(e)t** | | |
| sie (Sie) | **wären** | | |

Beispiel: Ohne die Infusionen wäre Robert nicht geheilt worden.

# PASSIV Konjunktiv I

## Gegenwart • Vergangenheit

„Ich werde immer nur kritisiert.
Ich wurde auch schon bespuckt.
Ich bin schon zweimal von den Fans geschlagen worden.“

indirekte Rede

**Schiedsrichter Ott sagte,** er werde immer nur kritisiert. — Gegenwart
Er sei auch schon bespuckt worden. — Vergangenheit
Er sei schon zweimal von den Fans geschlagen worden. — Vergangenheit

| Konjunktiv I Gegenwart | | | Konj. II Gegenw. | Konjunktiv I Vergangenheit | | | |
|---|---|---|---|---|---|---|---|
| (ich | werde) | | → ich würde geliebt | ich | sei | | |
| du | werdest | | | du | sei(e)st | | |
| er | | geliebt | | er | | geschlagen | worden |
| sie | werde | | | sie | sei | | |
| es | | kritisiert | | es | | bespuckt | worden |
| (wir werden) | | gefragt | → wir würden geliebt | wir | seien | geliebt | worden |
| (ihr werdet) | | | → ihr würdet geliebt | ihr | seiet | | |
| (sie werden) | | | → sie würden geliebt | sie | seien | | |
| (Sie) | | | | (Sie) | | | |

# Modalverben

## PASSIV

Er **muss** *getragen werden.*
Infinitiv Passiv

**können**
Die Tür **kann** nicht *verriegelt werden*.

**dürfen**
Der Rasen **darf** nicht *betreten werden*.

**wollen**
Sie **will** nicht *fotografiert werden*.

**sollen**
Das Stadion **soll** *vergrößert werden*.

| | | | | |
|---|---|---|---|---|
| Prät.: | Er | musste | *getragen werden*. | |
| Perf.: | Er | hat | *getragen werden* | müssen |
| Plus.: | Er | hatte | *getragen werden* | müssen |
| Konj. II: Gegenw.: | Er | müsste | *getragen werden*. | |
| Konj. II Vergang.: | Er | hätte | *getragen werden* | müssen |

# PASSIV • ALTERNATIVEN

## Modalverben

**„Das Auto muss gewaschen werden.“**

sein + zu-Infinitiv — „Das Auto ist zu waschen.“

Beispiele
Die Gesetze sind zu beachten. • An der Grenze sind die Pässe vorzuzeigen.

**Der Text kann nicht entschlüsselt werden.**

sich lassen + Infinitiv — Der Text lässt sich nicht entschlüsseln.

sein + zu Infinitiv — Der Text ist nicht zu entschlüsseln.

Adjektiv: -bar — Der Text ist nicht entschlüsselbar.

Beispiele
Das Auto lässt sich nicht mehr reparieren. • Diese Batterien lassen sich wieder aufladen.
Seine Worte waren nicht zu verstehen • Der Fernseher ist tragbar.

# Konjunktiv II

# Konjunktiv II **Gegenwart**

## 1. Irrealität

Annahme • Vorstellung

Beispiele:

- *„Ich habe Fieber und spiele deswegen nicht Tennis.*
  Ohne Fieber würde ich heute Tennis spielen."
- „Franz trinkt täglich zwei Liter Bier."
  –„Ich würde nicht so viel trinken."

Er bekommt Medikamente.

Ohne Medikamente würde er sterben.

## 2. Höfliche Bitte

Beispiele:

- „Würdest du bitte das Fenster schließen?"
- „Würden Sie mir bitte das Salz geben?"

„Würden Sie mir noch eine Flasche Wein bringen."

| „würde-" + Infinitiv | | |
|---|---|---|
| ich | würde | |
| du | würd**est** | |
| er / sie / es | würd**e** | essen<br>nehmen<br>bringen |
| wir | würd**en** | |
| ihr | würd**et** | |
| sie (Sie) | würd**en** | |

| | würde + sein | würde + haben | würde + können |
|---|---|---|---|
| ich | wäre | hätte | könnte |
| du | wär(e)st | hättest | könntest |
| er / sie / es | wäre | hätte | könnte |
| wir | wären | hätten | könnten |
| ihr | wär(e)t | hättet | könntet |
| sie (Sie) | wären | hätten | könnten |

## 3. Wunsch

➢ irreal
immer mit:
doch • bloß • nur • doch nur

Beispiele:

- „Wenn ich doch nur gesund **wäre**!"
  = „**Wäre** ich doch nur gesund!"
- „Wenn ich bloß mehr Geld **hätte**!"
  = „**Hätte** ich bloß mehr Geld!"

„Wenn du doch hier wärest! "

## 4. Vergleich

➢ irreal
immer mit:
als ob • als wenn • wie wenn

Beispiele:

- Er schaut mich an, als ob er nichts verstehen würde.
- Margot tat so, als wenn sie taub wäre.

Er ist gekleidet, als ob es minus 20 Grad wäre.
= Er ist gekleidet, als wäre es minus 20 Grad.

| | würde + müssen | würde + dürfen | würde + brauchen |
|---|---|---|---|
| ich | müsste | dürfte | bräuchte |
| du | müsstest | dürftest | bräuchtest |
| er / sie / es | müsste | dürfte | bräuchte |
| wir | müssten | dürften | bräuchten |
| ihr | müsstet | dürftet | bräuchtet |
| sie (Sie) | müssten | dürften | bräuchten |

| | würde + sollen | würde + wollen | würde + kommen |
|---|---|---|---|
| ich | sollte | wollte | käme |
| du | solltest | wolltest | käm(e)st |
| er / sie / es | sollte | wollte | käme |
| wir | sollten | wollten | kämen |
| ihr | solltet | wolltet | käm(e)t |
| sie (Sie) | sollten | wollten | kämen |

# Konjunktiv II Gegenwart Konditionalsatz

**Wenn** ich den Pilz *essen* **würde**,
**würde** ich *sterben*.

Aber ich esse den Pilz nicht und bleibe am Leben.

**Wenn** ich jung **wäre**,
**würde** ich täglich *joggen*.

Aber ich bin alt und jogge deshalb nicht.

**Wenn** ich Geld **hätte**,
**würde** ich ein Haus *kaufen*.

Aber ich habe kein Geld und kaufe kein Haus.

# Konjunktiv II Gegenwart • Modalverben Konditionalsatz

**Wenn** ich heute nicht *arbeiten* **müsste**,
**würde** ich jetzt zu Hause *fernsehen*.

Aber ich muss arbeiten und sehe deswegen jetzt nicht fern.

**Wenn** ich Arabisch **könnte**,
**könnte** ich mit Ali *sprechen*.

Aber ich kann leider nicht Arabisch.

**Wenn** ich hier kein Bier *trinken* **dürfte**,
**würde** ich sofort kündigen.

Aber ich darf hier Bier trinken und kündige deswegen nicht.

# Konjunktiv II

## Gegenwart

**würde + Infininitv** — **„alte“ Form**

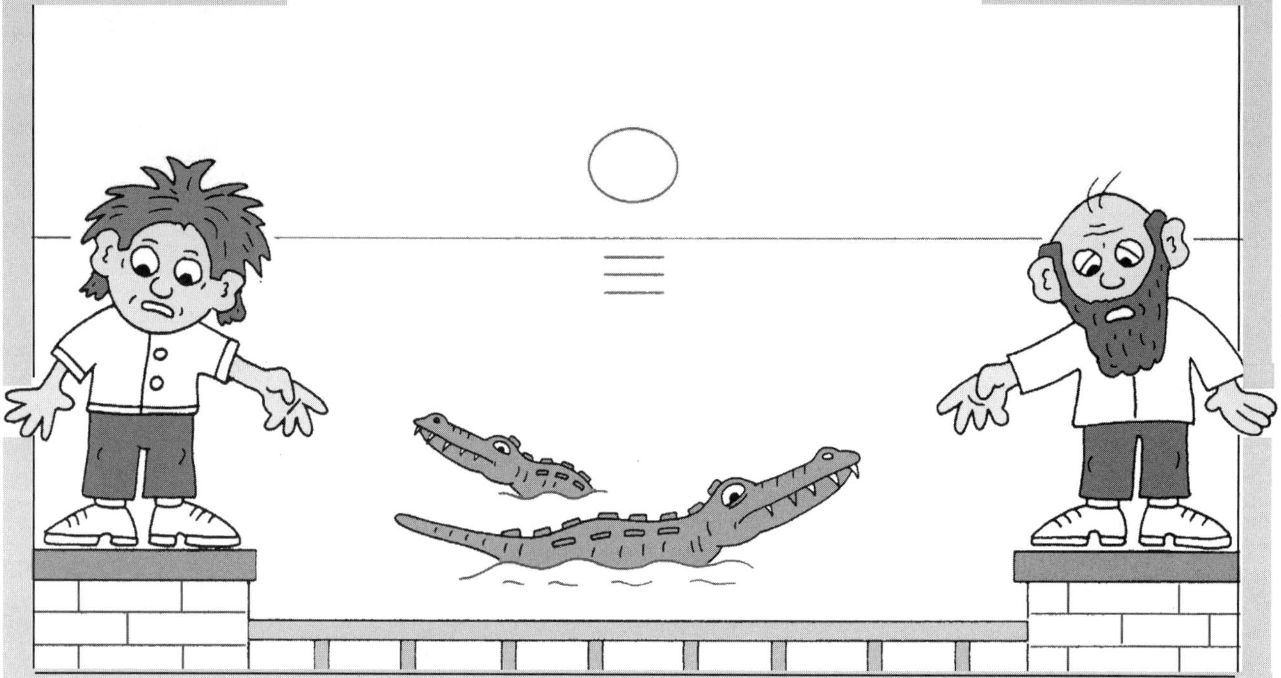

„Wenn es hier keine Krokodile **geben würde**, **würde** ich ins Wasser **gehen**.“

„Wenn es hier keine Krokodile **gäbe**, **ginge** ich ins Wasser.“

| würde + Infinitiv | „alte“ Formen → ein Wort | **BASIS: Präteritum** |
|---|---|---|
| | unregelmäßige Verben | regelmäßige Verben |
| ich **würde**<br>du **würdest**<br>er / sie / es **würde**<br><br>wir **würden**<br>ihr **würdet**<br>sie (Sie) **würden**<br><br>gehen<br>geben<br>machen | Präter.:ich *ging* → Kon II: ich *ging*e<br><br>ich **ginge**<br>du **gingest**<br>er / sie / es **ginge**<br>wir **gingen**<br>ihr **ginget**<br>sie (Sie) **gingen**<br><br>Umlaut bei o, u, a ich gäbe, ich käme | wie **Präteritum**<br><br>ich machte<br>ich spielte<br>ich kaufte |
| meistens | manchmal | selten |

**häufig:** ich würde arbeiten • ich würde schlafen • ich würde essen • ich würde springen • ich würde kaufen • ich würde lesen • ich würde trinken • ich wäre • ich hätte • ich müsste • ich dürfte • ich könnte • ich sollte • ich wollte • ich bräuchte • ich brächte • ich wüsste

**selten:** ich arbeitete (→ besser: ich würde arbeiten) • ich würde sein (→ ich wäre) • ich würde haben (→ ich hätte) • ich würde können (→ ich könnte)

**beide Formen:** ich würde gehen = ich ginge • ich würde geben = ich gäbe • ich würde kommen = ich käme • ich würde stehen = ich stände • ich würde laufen = ich liefe • ich würde nehmen = ich nähme • ich würde bleiben = ich bliebe • ich würde ankommen = ich käme an

# Konjunktiv II

## Vergangenheit

### 1. Annahme / Vorstellung

Mit etwas mehr Glück hätte er gewonnen.

Aber er hat nicht gewonnen.

### 2. Wunsch (irreal)

➤ immer mit :
doch • bloß
nur • doch nur

Wenn ich doch meine Kamera mitgenommen hätte!

= Hätte ich doch meine Kamera mitgenommen!

### 3. Vergleich (irreal)

Max tut so, als ob er das Hähnchen selbst gegrillt hätte.

➤ immer mit:
als ob • als wenn
wie wenn

| | **hätte** | + **Partizip II** |
|---|---|---|
| ich | **hätte** | |
| du | **hättest** | |
| er | | *gekauft* |
| sie | **hätte** | |
| es | | *gegrillt* |
| wir | **hätten** | *gegessen* |
| ihr | **hättet** | |
| sie (Sie) | **hätten** | |

| | **wäre** | + **Partizip II** |
|---|---|---|
| ich | **wäre** | |
| du | **wär(e)st** | |
| er | | *gegangen* |
| sie | **wäre** | |
| es | | *gewesen* |
| wir | **wären** | *geworden* |
| ihr | **wär(e)t** | |
| sie (Sie) | **wären** | |

Beispiele
1) Du bist mit dem Auto zum Briefkasten gefahren? Ich wäre zu Fuß gegangen.
2) Wenn ich bloß nicht geheiratet hätte! • Wenn ich nur weniger geraucht hätte!
3) Otto trinkt so gierig, als ob er zwei Tage nichts getrunken hätte.

# Konjunktiv II

**Konditionalsatz**

## *Vergangenheit*

„Wenn ich mehr gelernt hätte,
wäre ich nicht durchgefallen."

„Aber ich habe nicht gelernt und bin durchgefallen."

Wenn ich fleißiger *gewesen* **wäre**,
**hätte** ich die Prüfung auch *bestanden*.

„Aber ich bin faul gewesen und habe die Prüfung nicht bestanden."

# Konjunktiv II Vergangenheit • Gegenwart

## Konditionalsatz

Konjunktiv II Vergangenheit

Konjunktiv II Gegenwart

**Wenn** ich nicht von der Leiter **gefallen wäre**, **würde** ich heute Tennis **spielen**.

Aber ich bin von der Leiter gefallen und spiele deshalb nicht Tennis.

**Wenn** ich früher ins Bett **gegangen wäre**, **wäre** ich jetzt nicht so müde.

Aber ich bin spät ins Bett gegangen und bin jetzt sehr müde.

Wenn ich nicht im Lotto **gewonnen hätte**, **wäre** ich immer noch arm.

Aber ich habe im Lotto gewonnen und bin jetzt sehr reich.

# Konjunktiv II

## Vergangenheit

Angenommen, Sie wären Pharao von Ägypten gewesen.
Wie hätten Sie gelebt?

Ich wäre für Ägypten verantwortlich gewesen.
Ich hätte viele Diener und Knechte gehabt.
Ich hätte oft eine Krone getragen.
Ich hätte wichtige Entscheidungen treffen müssen.

## Gegenwart

Angenommen, Sie wären US-Präsident.
Wie würden Sie leben?

Ich wäre für die USA verantwortlich.
Ich hätte viele Berater und Mitarbeiter.
Ich würde meistens Anzug und Krawatte tragen.
Ich müsste wichtige Entscheidungen treffen.

# Konjunktiv I

Konjunktiv I Gegenwart

Konjunktiv I Vergangenheit

Konjunktiv I Zukunft

# Konjunktiv I

## Gegenwart

indirekte Rede

Der Außenminister **macht** viele Fehler.

Er **ist** unfähig.

Auch seine Parteifreunde **wissen** das.

Dr. Blablah **sagte**,

der Außenminister **mache** viele Fehler.

Er **sei** unfähig.

Auch seine Parteifreunde **wüssten** das. /
**würden** das **wissen***.

*Konj. II

| Präsens | | | Konjunktiv I | | | Konjunktiv II | | |
|---|---|---|---|---|---|---|---|---|
| | | | | kommen | | | | |
| ich | komme | = | (ich | komme) | → | ich | käme | / würde kommen |
| | | | du | komm**est** | | | | |
| | | | er / sie / es | komm**e** | | | | |
| wir | kommen | = | (wir | kommen) | → | wir | kämen | / würden kommen |
| | | | ihr | komm**et** | | | | |
| sie (Sie) | kommen | = | (sie | kommen) | → | sie (Sie) | kämen | / würden kommen |

| Konjunktiv I sein | |
|---|---|
| ich | sei |
| du | sei(e)st |
| er / sie / es | sei |
| wir | seien |
| ihr | seiet |
| sie (Sie) | seien |

Beispiele: Der Minister **sagte**, er spreche täglich mit seinen Mitarbeitern über Maßnahmen gegen die hohe Arbeitslosigkeit. Die Regierung wolle möglichst schnell neue Arbeitsplätze schaffen und plane ein Beschäftigungsprogramm. Er sei optimistisch für die Zukunft. Der Minister **betonte**, auch die anderen Regierungen in Europa hätten (Kon. II) großes Interesse an der Lösung der wirtschaftlichen Probleme.

# Konjunktiv I

## Vergangenheit

Herr Banako sagte,

| | |
|---|---|
| „Ich habe mich noch nie rasiert." | er **habe** sich noch nie rasiert. |
| „Ich bin noch nie beim Friseur gewesen." | Er **sei** noch nie beim Friseur gewesen. |
| „Meine Kollegen haben mich immer ausgelacht." | Seine Kollegen **hätten*** ihn immer ausgelacht. |
| „Trotzdem war ich immer glücklich." | Trotzdem **sei** er immer glücklich gewesen. |

*Konj. II

| Perfekt | | | | Konjunktiv I | | | | Konjunktiv II | | |
|---|---|---|---|---|---|---|---|---|---|---|
| ich | *habe* | gekauft<br>rasiert<br>ausgelacht | = | (ich | *habe)* | gekauft<br>rasiert<br>ausgelacht | → | ich | *hätte* | gekauft<br>rasiert<br>ausgelacht |
| | | | | du | *hab**est*** | | | | | |
| | | | | er<br>sie<br>es | *habe* | | | | | |
| wir | *haben* | | = | (wir | *haben)* | | → | wir | *hätten* | |
| | | | | ihr | *hab**et*** | | | | | |
| sie<br>(Sie) | *haben* | | = | (sie<br>(Sie) | *haben)* | | → | sie<br>(Sie) | *hätten* | |

| Konjunktiv I | | |
|---|---|---|
| ich | ***sei*** | gewesen<br>gegangen<br>geblieben |
| du | ***sei(e)st*** | |
| er<br>sie<br>es | ***sei*** | |
| wir | ***seien*** | |
| ihr | ***sei(e)t*** | |
| sie<br>(Sie) | ***seien*** | |

Beispiele: Konjunktiv I Vergangenheit

Der Angeklagte **beteuerte**, er habe das Auto nicht gestohlen. Er sei zur Tatzeit in einer Kneipe gewesen und habe dort einige Tassen Kaffee getrunken.
Erst um 23 Uhr habe er das Lokal verlassen und sei nach Hause gegangen. Er **sagte,** viele Leute hätten (Kon. II) ihn dabei gesehen.

# Konjunktiv I

## Zukunft

*Konj. II

| Futur I | | | | Konjunktiv I | | | | Konjunktiv II | | |
|---|---|---|---|---|---|---|---|---|---|---|
| ich | werde | fahren<br>zahlen<br>reisen | = | (ich | werde) | fahren<br>zahlen<br>reisen | → | ich | würde | fahren<br>zahlen<br>reisen |
| | | | | du | werdest | | | | | |
| | | | | er<br>sie<br>es | werde | | | | | |
| wir | werden | | = | (wir | werden) | | → | wir | würden | |
| ihr | werdet | | = | (ihr | werdet) | | → | ihr | würdet | |
| sie<br>(Sie) | werden | | = | (sie<br>(Sie) | werden) | | → | sie<br>(Sie) | würden | |

Beispiele Konj. I Zukunft: Der Patient **sagte**, er werde keinen Alkohol mehr trinken und nicht mehr rauchen. Zudem werde er viel Obst und Gemüse essen und Stress vermeiden. Seine Angehörigen würden (Kon. II) ihn dabei unterstützen.

# Infinite Verbformen

Infinitiv

Partizip I
(Gebrauch)

Partizip II
(Gebrauch)

Partizip I • Partizip II
(Vergleich)

Partizipialkonstruktion
Partizip I

Partizipialkonstruktion
Partizip II

Partizipialsätze
Partizip I • Partizip II

Das Gerundivum

Gerundivum • Partizip I
(Vergleich)

# Infinitiv

**füttern** – Infinitiv Präsens Aktiv

**gefüttert werden** – Infinitiv Präsens Passiv

**gefüttert haben*** – Infinitiv Perfekt Aktiv

**gefüttert worden sein** – Infinitiv Perfekt Passiv

**Perfekt mit „sein“*: **gewesen sein** → Jemand muss schon bei den Affen gewesen sein.

zu - Infinitiv

| zu füttern | gefüttert zu werden | gefüttert zu haben | gefüttert worden zu sein |
|---|---|---|---|
| Es ist wichtig, die Affen täglich zu füttern. | Die Affen warten darauf, gefüttert zu werden. | Es war nicht gut, die Affen nicht gefüttert zu haben. | Es ärgert die Affen, noch nicht gefüttert worden zu sein. |

# Partizip I

essen → essen***d*** • pfeifen → pfeifen***d***

### 1. als Attribut beim Substantiv

Der **essend***e* Mann heißt Otto Klotz.

= Der Mann, der isst, heißt Otto Klotz.

Deklination wie normale Adjektive

Nom. / Neut.: Das schlafend**e** Schaf heißt Bibi.
Akk. / Mask.: Ich sehe den bellend**en** Hund.
Dat. / Fem.: Ich helfe der hinkend**en** Frau.
Gen. / Mask.: Die Frau des weinend**en** Mannes

### 2. als Angabe im Satz

**Pfeifend** geht er durch die Stadt.

= Er geht durch die Stadt und pfeift.

Beispiele

Singend betrat er das Zimmer.
Die Kinder liefen schreiend davon.
Lachend verbeugte er sich.
Die Witwe steht weinend am Grab.

# Partizip II

① ge–t: gemacht • –t: rasiert ② ge–n: geschlagen • –en: verstanden

Attribut

Der **gefangene** Fisch ist 45 cm lang.

→ Der Fisch, der gefangen wurde, ...

Der **maskierte** Mann liebt den Karneval.

→ Der Mann, der sich maskiert hat, ...

Angabe

**Geschlagen** geht er vom Platz.

→ Er wurde geschlagen (besiegt) und geht vom Platz.

**Rasiert** kommt er heraus.

→ Er hat sich rasiert und kommt heraus.

**Beispiele**
Attribut: Die gekauften Bilder sind im Tresor. (→ kaufen) • das gekochte Ei (→ kochen) • das geliebte Kind (→ lieben)
Angabe: Sie lief beleidigt aus dem Zimmer. (→ beleidigen) • Frisch geduscht ging sie ins Bett. (→ duschen)

| | sinken | fotografieren |
|---|---|---|
| **Partizip I** |   das sinkende Schiff<br>= das Schiff, das sinkt |   der fotografierende Journalist<br>= der Journalist, der fotografiert |
| **Partizip II** |   das gesunkene Schiff<br>= das Schiff, das gesunken ist |   der fotografierte Mann<br>= der Mann, der fotografiert worden ist |

# Partizipialkonstruktion

## Partizip I

| Der | | laufende Mann |
|---|---|---|

... heißt Karl Maier.

| Der | durch den Park | laufende Mann |
|---|---|---|

... heißt Karl Maier.

| Der | mit seinem Hund durch den Park | laufende Mann |
|---|---|---|

... heißt Karl Maier.

# Partizipialkonstruktion

## Partizip II

| **Das** | | ***ausgegraben*e Skelett** |
|---|---|---|

... ist 5000 Jahre alt.

| **Das** | in Ägypten | ***ausgegraben*e Skelett** |
|---|---|---|

... ist 5000 Jahre alt.

| **Das** | von Professor Klotz in Ägypten | ***ausgegraben*e Skelett** |
|---|---|---|

... ist 5000 Jahre alt.

# Partizipialsätze

## Partizip I

Mit fünf Bällen ***jonglierend***, betritt er das Zimmer.

= Er betritt, mit fünf Bällen jonglierend, das Zimmer.
→ Er betritt das Zimmer *und* jongliert *dabei* mit fünf Bällen.

**Beispiele:**
Aus Stockholm kommend, reiste der Minister nach Brüssel weiter.
Laut schmatzend aß Peter die Spaghetti.
Auf einem Bein stehend, jonglierte Berti mit fünf Tellern.

## Partizip II

Von einer Schlange ***gebissen***, liegt sie am Boden.

= Sie liegt, von einer Schlange gebissen, am Boden.
→ Sie liegt am Boden, *nachdem* sie von einer Schlange *gebissen wurde*.

**Beispiele:**
Von seinem Bruder schwer beleidigt, verließ Otto das Haus.
Von seiner Frau gewarnt, flüchtete der Verbrecher vor Eintreffen der Polizei.
In Paris angekommen, suchte sie sofort ein Hotel.

# Gerundivum

## zu ...nd-

beantworten → zu beantwortend-... + Substantiv

Die ***zu beantwortend***en Fragen sind leicht.

Die Fragen, die beantwortet werden *müssen*, ...

Deklination wie normale Adjektive

| | |
|---|---|
| Nom. / Fem. | Die durchzuführende Reparatur ist sehr teuer. |
| Akk. / Mask. | Verstehst du den zu übersetzenden Text? |
| Dat. / Neut. | Da kommt Bodo mit dem zu schleifenden Messer. |
| Gen. / Fem. | Die Tochter der zu operierenden Frau... |

verstehen → zu verstehend-... + Substantiv

Das ist **eine nicht *zu verstehend*e Sprache.**

... eine Sprache, die man nicht verstehen *kann*.

Deklination wie normale Adjektive

| | |
|---|---|
| Nom. / Fem. | Das ist eine nicht zu heilende Krankheit. |
| Akk. / Fem. | Er hat eine nicht zu übersehende Nase. |
| Dat. / Neut. | Ich stehe vor einem nicht zu lösenden Rätsel. |
| Gen. / Mask. | Die Leiche eines nicht zu identifizierenden Mannes. |

# Gerundivum

zu ...nd-

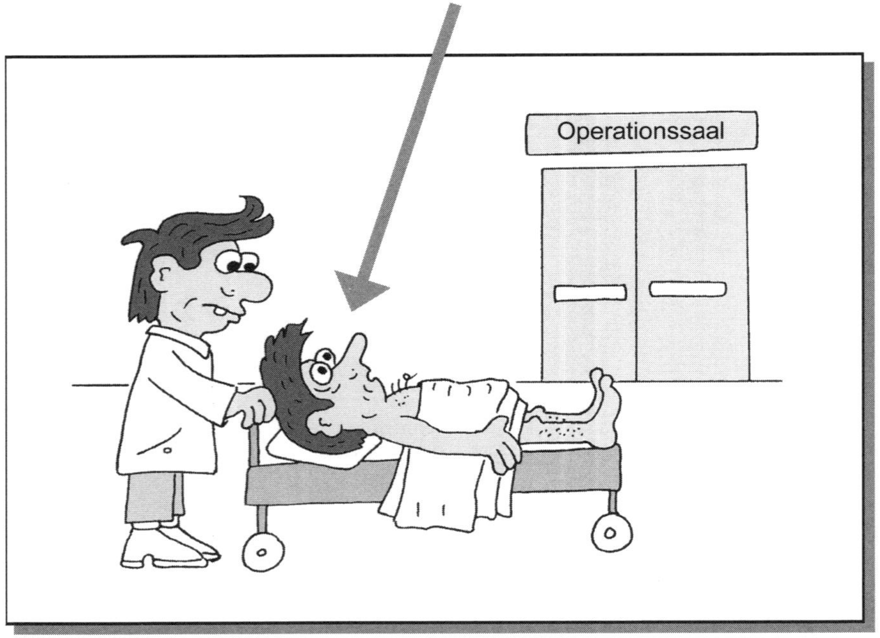


Der **zu operierende** Patient.
hat große Angst.

= Der Patient, der operiert werden muss, ...

# Partizip I

...nd-

Der **operierende** Arzt.
ist ein berühmter Spezialist.

= Der Arzt, der operiert, ...

# Präpositionen

Präpositionen mit Akkusativ
(„durch“ + Akk./Mask. • Akk./Fem. • Akk./Neutr.)

Präpositionen mit Akkusativ
(Übersicht)

Präpositionen mit Dativ
(„mit“ + Dat./Mask. • Dat./Fem. • Dat./Neutr.)

Präpositionen mit Dativ I
(Übersicht)

Präpositionen mit Dativ II
(Übersicht)

Wechselpräposition
(„vor“ + Dat./Akk.)

Wechselpräpositionen
(Übersicht I)

Wechselpräpositionen
(Übersicht II)

Präpositionen mit Genitiv
(„außerhalb“ + Gen./Mask. • Gen./Fem. • Gen./Neutr.)

Präpositionen mit Genitiv
(Übersicht)

# Präpostionen mit Akkusativ

## durch

| Maskulinum | Femininum | Neutrum |
|---|---|---|
|  |  | 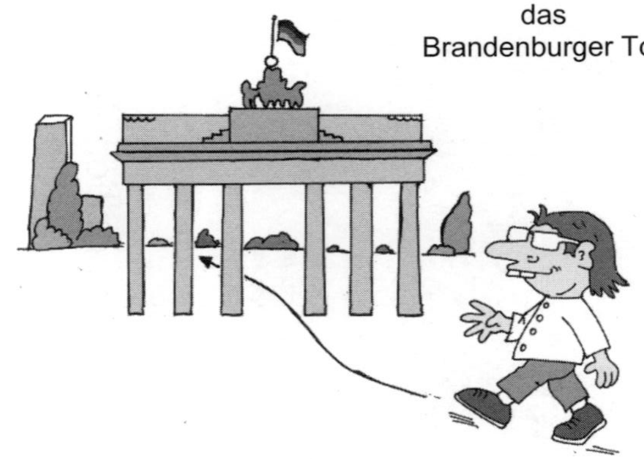 |
| Willi geht **durch <u>den</u> Wald.** | Willi geht **durch <u>die</u> Stadt.** | Willi geht **durch <u>das</u> Brandenburger Tor.** |



Präpositionen mit Akkusativ: durch • entlang • um • gegen • bis • für • ohne

# Präpositionen mit Akkusativ

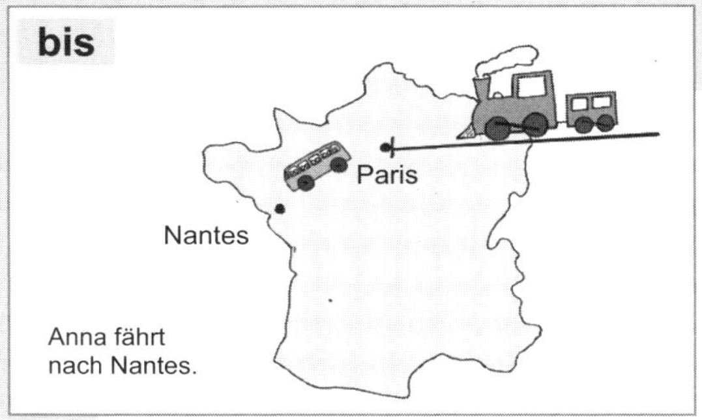


**Bis** *Paris* fährt sie mit dem Zug.

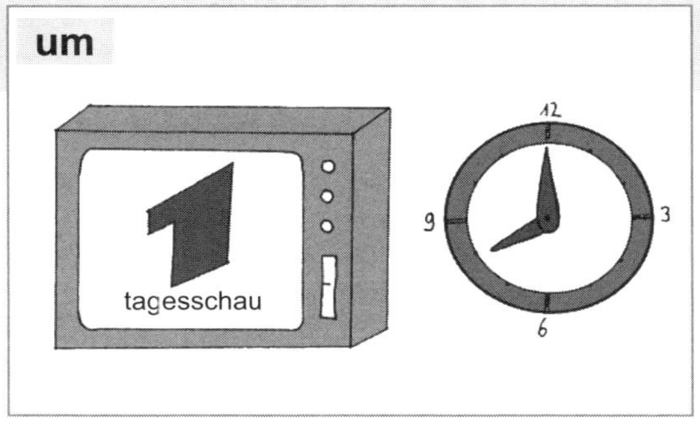


Die Tagesschau beginnt **um** *20 Uhr.*

Sie geht **um** *den See*.

Er schießt den Ball **gegen** *die Mauer*.

Er geht **durch** *den Wald*.

Er fährt **ohne** *Helm.*

Er geht *die Mauer* **entlang**.

Er kauft Blumen **für** *seine Frau*.

# Präpostionen mit Dativ

## mit

| Maskulinum | Femininum | Neutrum |
|---|---|---|
| der Hammer  | die Säge  | das Messer  |
| ein Mann<br>**mit <u>einem</u> Hammer** | ein Mann<br>**mit <u>einer</u> Säge** | ein Mann<br>**mit <u>einem</u> Messer** |

Präpositionen mit Dativ: aus • bei • mit • nach • von • zu • ab • seit • gegenüber • außer

# Präpositionen mit Dativ 1

**Außer** *dem alten Mann* tragen alle einen Hut.

Er kommt **aus** *dem Haus.*

Das Kino steht **gegenüber** *der Kirche*.

Sie sitzt **bei** *ihrem Opa*.

Das ist ein Mann **mit** *einem Hammer*.

**Seit** *11 Tagen* sitzt er im Gefängnis.
**Seit** *dem 25. April* sitzt er im Gefängnis.

***Ab*** *nächster Woche* rauche ich nicht mehr.
***Ab*** *Montag* rauche ich nicht mehr.

# Präpositionen mit Dativ 2

Sie fliegt **nach** Australien.

**Nach** *dem Film* ging er schlafen.

**vom** *Baum* Sie geht **zum** *Auto.*

# Wechselpräposition

## vor

### Wohin? → Akkusativ

Mario geht ***vor den Turm.***

Mario geht ***vor die Kirche.***

Mario geht ***vor das Haus.***

### Wo? → Dativ

Mario steht ***vor dem Turm.***

Mario steht ***vor der Kirche.***

Mario steht ***vor dem Haus.***

# Wechselpräpositionen

auf • an • in • neben • hinter • vor • unter • über • zwischen

| Wohin?<br>A ● ⟶ ● B | Wo? ● A |
|---|---|
| Akkusativ | Dativ |

## auf

Er springt
**auf *den Tisch*.**

Akk. / Mask.

Er steht
**auf *dem Tisch*.**

Dat. / Mask.

## an

Er hängt das Bild
***an die Wand*.**

Akk. / Fem.

Das Bild hängt
**an *der Wand*.**

Dat. / Fem.

## in

Jemand gießt Kaffee
**in *die Tasse*.**

Akk. / Fem.

Der Kaffee ist
**in *der Tasse*.**

Dat. / Fem.

## neben

Sie stellt den Sack
**neben *den Koffer*.**

Akk. / Mask.

Der Sack steht
**neben *dem Koffer*.**

Dat. / Mask.

# Wechselpräpositionen

## hinter

Er geht
**hinter *die Wand*.**

Akk. / Fem.

Er steht
**hinter *der Wand*.**

Dat. / Fem.

## vor

Sie geht
**vor *das Haus*.**

Akk. / Neut.

Sie steht
**vor *dem Haus*.**

Dat. / Neut.

## unter

Der Hund geht
**unter *den Tisch*.**

Akk. / Mask.

Der Hund ist
**unter *dem Tisch*.**

Dat. / Mask.

## über

Er hängt die Lampe
**über *den Tisch*.**

Akk. / Mask.

Die Lampe hängt
**über *dem Tisch*.**

Dat. / Mask.

## zwischen

Er geht
**zwischen *die Giraffe*** *und* ***den Baum*.**

Akk. / Fem. Akk. / Mask.

Er steht
**zwischen *der Giraffe*** und ***dem Baum*.**

Dat. / Fem. Dat. / Mask.

# Präpostionen mit Genitiv

## außerhalb

Maskulinum
der Palast

Der Koch wohnt **außerhalb des Palastes.**

Femininum
die Stadt

Der Flughafen liegt **außerhalb der Stadt.**

Neutrum
das Dorf

Der Friedhof liegt **außerhalb des Dorfes.**

Präpositionen mit Genitiv außerhalb • innerhalb • oberhalb • unterhalb • wegen • trotz • während • (an)statt

# Präpositionen mit Genitiv

**wegen**

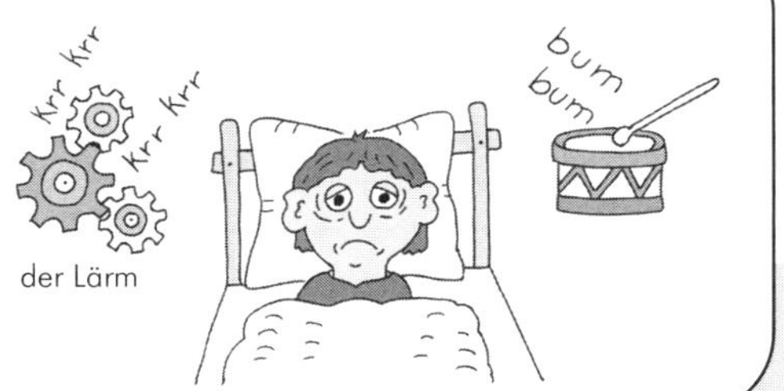


**Wegen** *des Lärms* kann er nicht schlafen.

**trotz**

**Trotz** *des Lärms* kann er schlafen.

**innerhalb** **außerhalb**

**Innerhalb** *der Stadtmauer stehen fünf Häuser und eine Kirche.*

**Außerhalb** *der Stadtmauer steht* <u>*ein*</u> *Haus.*

**unterhalb** **oberhalb**

**Unterhalb** *der Burg* liegt ein Dorf.

**Oberhalb** *des Dorfes* steht eine Burg.

**beiderseits**

**Beiderseits** *der Grenze* steht eine Fabrik.

**(an)statt**

**Statt** *der Krone* trägt er einen Hut.

**während**

**Während** *des Konzerts* schläft sie.

# Indefinitpronomen

## und Demonstrativpronomen

Indefinitpronomen
jemand • niemand • etwas • nichts

man

viele • wenige

jeder • alle / einige • manche

einer / eine / ein(e)s • welch-

irgend-

Demonstrativpronomen
dieser • diese • dieses

Kontraste

# Indefinitpronomen

## jemand

„Da ist **jemand** am Fenster."

## niemand

Eva besucht Max.

**Niemand** besucht Paul.

Beispiele

- „Wie hast du den Weg gefunden?" – „Ich habe jemand(en) gefragt."
- Er wurde von jemand(em) gefragt, wo der Bahnhof ist.
- „Ich habe niemand(en) gesehen." • „Ich habe zu niemand(em) etwas gesagt."

## etwas

Er sagt **etwas**.

## nichts

Er sagt **nichts**.

Beispiele

- „Ich habe etwas gehört." • „Weißt du etwas über Mozart?"
- „Da steht etwas auf Spanisch." • „Ich habe nichts gesehen."
- „Ich weiß nichts über das Leben von Mozart."

# man

| er<br>sie<br>es<br>**man** | sag**t** |
|---|---|

| | |
|---|---|
| Nominativ: | **man** |
| Akkusativ: | **einen** |
| Dativ: | **einem** |

- Im Leben wird einem nichts geschenkt.
- Es freut einen, wenn die Kinder brav sind.

In Frankreich trinkt **man** gern Rotwein.

„Theater schreibt **man** mit *'Th'*."

„**Man** muss diesen Knopf drücken."

# viele

Indefinitpronomen

Auf dem Konzert sind **viele** Leute.

Akk.: Gonzo singt *für* ***viele*** Leute.
Dat.: Gonzo singt *vor* ***vielen*** Leuten. • Gen.: Gonzo ist das Idol ***vieler*** Leute.

# wenige

Indefinitpronomen

Auf dem Konzert sind **wenige** Leute.

Akk.: Hans singt *für* **wenige** Leute.
Dat.: Hans singt *vor* **wenigen** Leuten. • Gen.: Hans ist das Idol **weniger** Leute.

Deklination wie ein normales Adjektiv im Plural

| | | | | |
|---|---|---|---|---|
| Nom. • Akk.: | viele | / | die vielen | Leute |
| Dat.: | vielen | / | den vielen | Leuten |
| Gen.: | vieler | / | der vielen | Leute |

Beispiele

Nom.:
***Viele*** Menschen trinken Kaffee zum Frühstück.
***Die vielen*** Leute in der Halle warteten eine Stunde auf den Star.
Dat.:
Mutter Theresa hat ***vielen*** Menschen geholfen.
Von ***den vielen*** Erdbeeren, die er aß, bekam er Bauchweh.

## jeder • alle

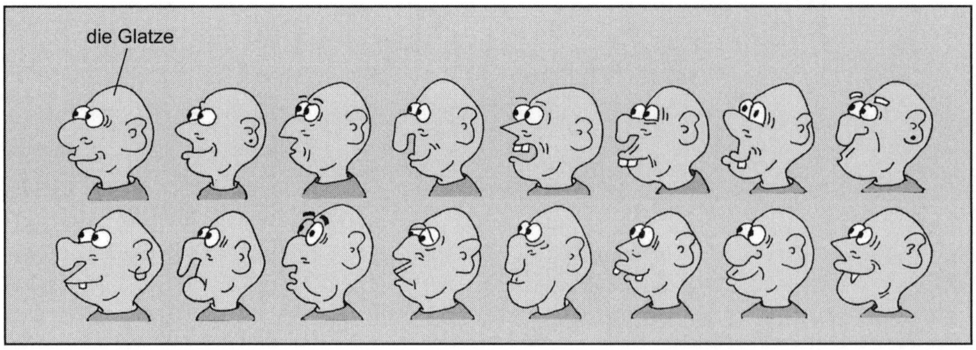


Alle Männer haben eine Glatze.

Jeder Mann hat eine Glatze.

| | Mask. | Fem. | Neutr. | Plural |
|---|---|---|---|---|
| **Nom.:** | jeder | jede | jedes | alle |
| **Akk.:** | jeden | jede | jedes | alle |
| **Dat..** | jedem | jeder | jedem | allen |
| **Gen.:** | jedes | jeder | jedes | aller |

Beispiele: Der Nikolaus hat jedem Kind (Dat. Neutr.) etwas geschenkt. • Der Chef hat allen Mitarbeitern (Dat.) ein Geschenk überreicht. • „Ich kenne jeden Film (Akk. Mask.) von James Stewart."

## einige • manche

Einige Männer haben Haare.

Manche Männer haben Haare.

| | Plural | Plural |
|---|---|---|
| **Nom.:** | einige | manche |
| **Akk.:** | einige | manche |
| **Dat..** | einigen | manchen |
| **Gen.:** | einiger | mancher |

Beispiele: Mit manchen Leuten (Dat.) kann man nicht diskutieren. • „Einige (Nom.) von meinen Kollegen rauchen." • „Ich habe einige Briefmarken (Akk.) aus China." • Manche Hunde (Nom.) sind gefährlich.

# einer/eine/ein(e)s • welche

Indefinitpronomen

**Nominativ**

Ist da **ein** **Hund**? / **eine** Lampe? / **ein** Kind?
Sind da ___ Steine?

(Nein) Ja, da ist **einer.** (keiner) / **eine.** (keine) / **ein(e)s.** (kein(e)s)
(Nein) Ja, da sind **welche.** (keine)

**Akkusativ**

Haben Sie **einen** Rasierapparat? / **eine** Schere? / **ein** Hemd?
Haben Sie ___ Schuhe?

Wo?

(Nein) Ja, ich habe **einen.** (keinen) / **eine.** (keine) / **ein(e)s.** (kein(e)s)
(Nein) Ja, ich habe **welche.** (keine)

In meiner Tasche.

# irgend-

irgend-: nicht bekannt • nicht wichtig

**Wohin** gehst du?

**Wo** wirst du schlafen?

**Was** wirst du essen?

**Wie** willst du deine Wäsche waschen?

**Wer** wird dir helfen, wenn du in Not bist?

**Wen** fragst du, wenn du Rat brauchst?

Mit **wem** wirst du dich unterhalten?

**Wann** kommst du zurück?

**Irgendwohin.** Ich gehe **irgendwohin**.

**Irgendwo.** Ich werde **irgendwo** schlafen.

**Irgend(et)was.** Ich werde **irgendwas** essen.

**Irgendwie.** **Irgendwie** werde ich meine Wäsche waschen.

**Irgendwer.** **Irgendwer** wird mir schon helfen.

**Irgendwen.** Ich frage **irgendwen**.

Mit **irgendwem.** Ich werde mich schon mit **irgendwem** unterhalten.

**Irgendwann.** **Irgendwann** komme ich zurück.

# Demonstrativpronomen

Akk.: Ich habe **diesen** Mann gesehen.
Dat.: Suchen Sie nach **diesem** Mann?
Gen.: Das Gesicht **dieses** Mannes kenne ich.

Akk.: Ich habe **diese Frau** gesehen.
Dat.: Suchen Sie nach **dieser** Frau?
Gen.: Das Gesicht **dieser** Frau kenne ich.

Akk.: Ich habe **dieses Auto** gesehen.
Dat.: Suchen Sie nach **diesem** Auto?
Gen.: Die Nummer **dieses** Autos ist X–AK 39.

Plural

Nom.: **Diese** Personen waren in der Bank. • Akk.: Ich habe **diese Personen** gesehen. • Dat.: Die Polizei sucht nach **diesen** Personen. • Gen.: Die Namen **dieser** Personen sind unbekannt.

# Kontraste

**Alle** wollen ein Autogramm von mir.
**Jeder** will ein Autogramm von mir.

Ich esse **viel**.

Ich gehe **immer** ins Restaurant.

Ich bin **überall** sehr beliebt.

Ich weiß **alles** über Finanzpolitik.

Ich habe **schon oft** Golf gespielt.

Ich wohne **schon** 20 Jahre in Berlin.

**Niemand** will ein Autogramm von mir.
**Keiner** will ein Autogramm von mir.

Ich esse **wenig.**

Ich gehe **nie** ins Restaurant.

Ich bin **nirgends** beliebt.

Ich weiß **nichts** über Finanzpolitik.

Ich habe **noch nie** Golf gespielt.

Ich wohne **erst** 2 Monate in Berlin.

# Die Satzstellung

Hauptsatz

Nebensatz

Hauptsatz + Nebensatz

Hauptsatz + Hauptsatz
denn • aber • sondern • und • oder

Satzstellung
adverbiale Angaben

# Hauptsatz

**Konjugiertes Verb**
immer auf **Position 2**

# Nebensatz

*Nebensatz: Konjugiertes Verb am Ende*

| Ich esse, | **wenn** ich Hunger **habe**. |
|---|---|
| 1 2 | Nebensatz 3 |

| Ich weiß, | **dass** Seppi in Paris gewohnt **hat**. |
|---|---|

Ich weiß nicht, **ob** Evi zur Party **kommt**.

Eva raucht, **während** sie Kaffee **trinkt**.

Das ist der Mann, **der** mir Geld geschenkt **hat**.

Verb am Ende bei Nebensätzen mit: dass • wenn • als • während • solange • bevor • nachdem • sobald • bis • seit(dem) • weil / da / zumal • wenn / falls • sodass • obwohl / obgleich / obschon • wie • als • indem • damit • bei allen Relativsätzen • bei allen indirekten Fragesätzen

# Hauptsatz + Nebensatz

Opa kommt um 19.00 Uhr.

| 1 | Verb 2 | 3 |
|---|---|---|
| Wir | essen | um 19.00 Uhr. |
| Um 19.00 Uhr | essen | wir. |

Beispiele:
Er wohnte vor seinem Studium in Köln. → Vor seinem Studium wohnte er in Köln.
Ich komme trotz des Regens. → Trotz des Regens komme ich.
Er ist seit dem Unfall blind. → Seit dem Unfall ist er blind.

| 1 | Verb 2 | 3 |
|---|---|---|
| Wir | essen, | wenn Opa kommt. (Nebensatz) |
| Wenn Opa kommt, (Nebensatz) | essen | wir. |

Beispiele:
Er wohnte in Köln, bevor er studierte. → Bevor er *studierte, wohnte* er in Köln.
Ich komme, obwohl es regnet. → Obwohl es regnet, komme ich.
Er ist blind, seit er den Unfall hatte. → Seit er den Unfall *hatte, ist* er blind.

# Hauptsatz + Hauptsatz

denn • aber • sondern • und • oder → Konjunktionen auf Position Null

| | | |
|---|---|---|
| Peter fährt heute nach Hamburg, | denn | er hat dort einen Arzt-Termin. |
| Peter fährt heute nach Hamburg, | aber | seine Frau bleibt zu Hause. |
| Peters Kinder fahren **nicht** mit, | sondern | sie bleiben zu Hause. |
| Max winkt | und | Maria weint. |
| Peter kommt heute zurück | oder | er übernachtet in Hamburg. |

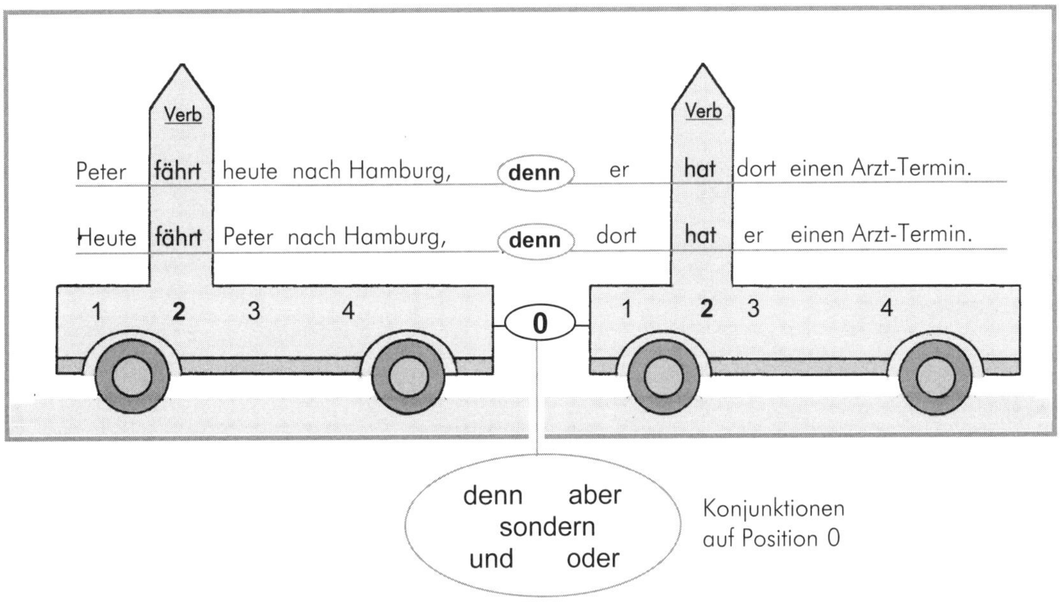

# Satzstellung

## adverbiale Angaben

| Otto ging | am Montag | wegen der Kälte | mit Mütze und Schal | aus dem Haus. |
|---|---|---|---|---|
| | temporal | kausal | modal | lokal |

**tekamolo** → te ka mo lo

| | te | ka | mo | lo |
|---|---|---|---|---|
| Ich fahre | morgen | | mit dem Auto | nach Hamburg. |
| Er ging | am Freitag | | krank | zur Arbeit. |
| Sie wartete | von 12–14 Uhr | trotz großer Schmerzen | geduldig | im Wartezimmer. |
| Rocky fiel | | vor Schreck | | vom Stuhl. |
| | (ab/von/bis/seit) wann? | warum? | wie? | wo? wohin? woher? |

Umstellungen sind möglich: Morgen fahre ich mit dem Auto nach Hamburg. • Am Freitag ging er krank zur Arbeit. Trotz großer Schmerzen wartete sie geduldig von 12–14 Uhr im Wartezimmer. • Vor Schreck fiel Rocky vom Stuhl.

# Nebensätze

(Temporalsätze)
während • bevor • nachdem

(Temporalsätze)
bis • seit

(Temporalsätze)
wenn oder als

Kausalsätze • Konzessivsätze
weil • obwohl

Finalsätze
um ... zu • damit

Konditionalsatz
wenn • falls

Konditionalsatz
irreal • real

Konsekutivsätze
..., sodass • so ..., dass

Modalsatz
je ..., desto / umso

, dass oder zu-Infinitiv

Vergleichssätze (Modalsätze)
wie • als

Modalsatz
indem • dadurch, dass

Infinitivkonstruktionen
ohne ... zu • anstatt ... zu • um ... zu

# während • bevor • nachdem

Temporalsätze

**während**

**Während** sie sich duscht, raucht sie.

**bevor ○ nachdem**

gestern 9:57 Uhr: Er rauchte.

10:02 Uhr: Er fiel um.

Nachdem er drei Zigaretten geraucht hatte, fiel er um.

Bevor *er umfiel*, hatte er drei Zigaretten geraucht.

<u>während</u>: → Sie raucht, während sie sich duscht. • Während Herbert sich die Zähne putzt, hört er immer Radio.
<u>nachdem</u>: → Er fiel um, nachdem er drei Zigaretten geraucht hatte. • Nachdem er im Lotto gewonnen hatte, kaufte er ein Haus.
<u>bevor</u>: → Er hatte drei Zigaretten geraucht, bevor er umfiel. • „Bevor ich mir ein Auto kaufe, mache ich erst den Führerschein."

# bis ○ seit = seitdem

## Temporalsätze

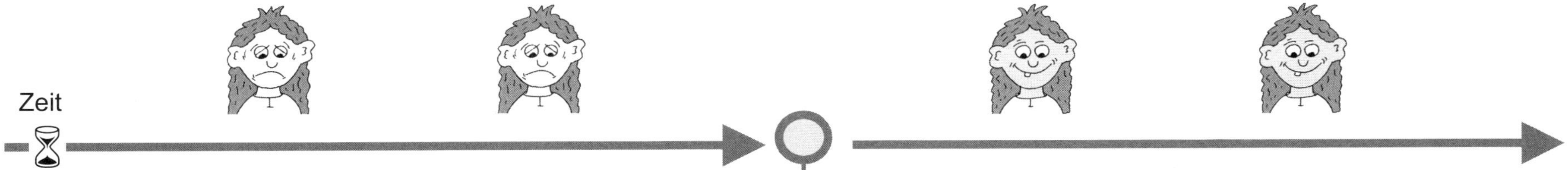


Bis sie den Hund kaufte, war sie immer traurig.

Seit sie den Hund hat, ist sie glücklich.

Seit(dem) sie den Hund gekauft hat,ist sie glücklich.

„Ich warte hier,
bis du zurückkommst."

Seit(dem) er das neue Spray nimmt,
hat er wieder Haare.

# wenn oder als

**wiederholt**

**nur einmal**
Aktion • Periode

**Vergangenheit**

„**Wenn** mein Onkel kam,
brachte er immer Schokolade mit."

„**Als** mein Onkel starb,
weinte ich sehr."

**Gegenwart Zukunft**

„**Wenn** Thomas kommt,
bringt er immer Blumen mit."

„**Wenn** ich groß bin,
kaufe ich mir ein Auto."

**Beisp**

(1) Vergangenheit: a) wiederholt: Ich war schon elfmal in Paris. Wenn ich in Paris war, wohnte ich immer im Hotel Astoria. b) einmal: Als ich Silvester 1999 in Berlin war, wohnte ich im Hotel Balzac. • Als ich ein Kind war, wohnte ich in Köln.
(2) Gegenw., Zukunft: a) wiederholt: Wenn ich fernsehe, trinke ich oft Bier. b) einmal: Wenn ich alt bin, ziehe ich nach Ibiza.

# Kausalsätze

Nebensatz: Verb → Ende

| Sie spielt nicht Basketball, | **weil** sie krank *ist*. |
|---|---|

# Konzessivsätze

Nebensatz: Verb → Ende

| Sie spielt Basketball, | **obwohl** sie krank *ist*. |
|---|---|

# Finalsätze

## um ... zu

Sie *isst* Karotten, **um** schlanker ***zu*** *werden*.

Subjekt Hauptsatz

Subjekt Hauptsatz = Subjekt Nebensatz → **um ... zu**

„Ich arbeite, um zu leben." • „Ich fahre nach Hamburg, um ein Auto zu kaufen." • Er trinkt ein Glas Bier, um besser einschlafen zu können.

## damit

Max *spricht* sehr laut, **damit** Opa alles *versteht*.

Subjekt Hauptsatz | Subjekt Nebensatz

Subjekt Hauptsatz ≠ Subjekt Nebensatz → **damit**

Eva kommt immer pünktlich nach Hause, damit ihr Vater nicht schimpft.
Otto arbeitet viel, damit seine Frau immer genug Geld hat.

# Konditionalsatz

## wenn • falls

| Wenn | Hans herunterfällt, | fressen ihn die Krokodile. |
|---|---|---|

| Falls | Hans herunterfällt, | fressen ihn die Krokodile. |
|---|---|---|

Wenn Hans herunterfällt, **dann** fressen ihn die Krokodile. • Die Krokodile fressen Hans, wenn er herunterfällt.
Falls Hans herunterfällt, **dann** fressen ihn die Krokodile. • Die Krokodile fressen Hans, falls er herunterfällt.

Konditionaler Nebensatz: Verb am Anfang:

| Fällt Hans herunter, | fressen ihn die Krokodile. |
|---|---|

Falls ich ihn treffe, gebe ich ihm den Brief. • Wenn du die Medizin nimmst, wirst du bald gesund.
Wenn (Falls) du die Prüfung bestehst, kaufe ich dir ein Fahrrad. = Bestehst du die Prüfung, kaufe ich dir ein Fahrrad.
Wenn (Falls) es regnet, mache ich morgen keine Bergtour. = Regnet es, mache ich morgen keine Bergtour.

# Konditionalsatz

## irreal

Wenn Otto noch leben würde,
Wenn Otto nicht gestorben wäre,

wäre ich glücklicher.

unmöglich • kaum möglich • unwahrscheinlich

→ Konjunktiv II

Beispiele
„Wenn ich größer wäre, würde ich Basketball spielen." • „Wenn ich Geld hätte, würde ich ein Haus kaufen." • „Wenn Herbert mehr arbeiten würde, hätte er mehr Geld. • Wenn ich du wäre, würde ich weniger Bier trinken." • „Wenn ich der Papst wäre, würde ich manches ändern."

## real

Wenn es morgen regnet,
Wenn es morgen regnen sollte,

fahre ich nicht in die Berge.

möglich

→ Präsens • sollte ...

Beispiele
„Wenn Maria heute noch kommt, kann ich ihr das Geld zurückgeben." • „Wenn ich die U-Bahn verpasse, fahre ich mit dem Taxi nach Hause." • „Wenn ich das Buch finden sollte, bringe ich es morgen mit." • „Wenn ich die Prüfung schaffen sollte, gebe ich eine Party."

# Konsekutivsätze

**, sodass**

Der Mann sprach nur Chinesisch, | **sodass** Hans nichts verstand.

Konsequenz

Beispiele:
Er jonglierte mit 6 Bällen, **sodass** die Zuschauer begeistert applaudierten.
„Wir hatten keine Gabeln, **sodass** wir mit den Fingern essen mussten."
Er war als Kind in Peking, **sodass** er auch Chinesisch spricht.

**so** *Adverb / Adjektiv* **, dass**

Otto schnarchte **so** *laut*, | **dass** seine Frau nicht schlafen konnte.

Beispiele:
Frau Huber schlief **so** *tief*, **dass** sie den Einbrecher nicht bemerkte.
Arnold ist **so** *stark*, **dass** er 200 kg heben kann.
Monika hatte **so** *große* Schmerzen, **dass** sie zum Arzt ging.

# Je ... , desto [umso]

Seppi lebte 10 Jahre lang in Paris.

**Je länger er in Paris lebte, desto (umso) dicker wurde er.**

Komparativ — Komparativ

Beispiele: „Je weniger ich schlafe, umso müder bin ich." • „Je schneller du sprichst, desto weniger verstehe ich." • „Je mehr Leute unsere Waren kaufen, desto mehr verdienen wir."

# , dass oder zu - Infinitiv

## Bitte - Befehl - Rat

①

Er bittet ihn, den Text zu übersetzen.

## Verlauf der Handlung

②

Er fängt an, das Geschirr zu spülen.

## Wunsch - Absicht - etc.

③

Er hofft, einen Brief zu bekommen.

Er hofft, <u>dass</u> sein Bruder morgen den Brief bekommt.

## Es...

④

„Es freut mich, hier zu sein.“

„Es freut mich, <u>dass</u> Frau Dr. Fach auch hier ist.“

## Verben mit Präp.

⑤

Er wartet darauf, eine Spritze zu bekommen.

Er wartet darauf, <u>dass</u> sein Hund eine Spritze bekommt.

❒ 1) Ich befehle ihm (Dat.) • ich erlaube ihm (Dat.) • ich rate ihm (Dat.) • ich verbiete ihm (Dat.) • ich zwinge ihn (Akk.) • ich überzeuge ihn (Akk.) u. a. ❒ 2) anfangen • beginnen • aufhören • beabsichtigen • (es) versäumen • sich anstrengen • (es) wagen u. a. ❒ 3) hoffen • wünschen • befürchten • erwarten • (es) ablehnen • (sich) weigern • verlangen • vergessen • versprechen u. a. ❒ 4) Es freut mich • es ärgert mich • es gefällt mir • es gelingt mir • es genügt mir u. a. ❒ 5) sich fürchten vor • sich gewöhnen an • verzichten auf • sich verlassen auf • (sich) bemühen um u. a.

# Vergleichssätze

## Modalsätze

### wie

Er kleidet sich ***so***, **wie** sich alle hier kleiden.

**Beispiele:** Alles passierte so, wie er es geplant hatte.
„Ich muss so viel zahlen, wie ich befürchtet habe."
Das Haus ist nicht so alt, wie die Leute hier glauben.

### als

„Hier bringe ich Hansi."    „Hansi ist größer, als ich erwartet habe."

Hansi ist ***größer***, **als** ich erwartet habe.

**Beispiele:** Sie verkaufte mehr Bilder, als sie erhofft hatte.
„Helmut spricht besser Englisch, als ich geglaubt habe."
„Er gab mir weniger Geld, als er mir versprochen hatte."

# Modalsatz

## indem • dadurch dass

| Herr Biber alarmiert die Polizei, | ***indem*** er den Alarmknopf drückt. |
|---|---|
| Herr Biber alarmiert die Polizei, | ***dadurch dass*** er den Alarmknopf drückt. |

Durch das Drücken des Alarmknopfes alarmiert Herr Biber die Polizei.

Indem er den Alarmknopf drückt, alarmiert Herr Biber die Polizei.

Dadurch dass er den Alarmknopf drückt, alarmiert Herr Biber die Polizei.

Beispiele:

Du kannst dein Haus vor Einbruch schützen, dadurch dass du eine Alarmanlage einbaust.

Du kannst viel Benzin sparen, indem du langsamer fährst.

Man kann den Unterricht interessant machen, indem man Bilder verwendet.

# Infinitivkonstruktionen

## ohne ... zu

→ Die erwartete Handlung passiert nicht.

Peter betritt das Zimmer,
**ohne** den König **zu** grüßen.

## anstatt ... zu

→ andere Handlung

Tom sieht fern,
**anstatt** die Hausaufgabe **zu** machen.

## um ... zu

→ Plan, Intention

Paul isst viel Gemüse,
**um** gesund **zu** bleiben.

Beispiele: Er balanciert über das Seil, ohne nervös zu sein.
Er sagt das Gedicht auf, ohne einen Fehler zu machen.

Beispiele: Er aß die Würste roh, anstatt sie vorher zu kochen.
Fredi gab sein Geld aus, anstatt es zu sparen.

Beispiele: Ich fliege nach London, um Englisch zu lernen.
Ich lerne viel, um gute Noten zu bekommen.

# Relativsätze

Der Relativsatz • Nominativ

Der Relativsatz • Akkusativ

Der Relativsatz • Dativ

Der Relativsatz • Genitiv

Der Relativsatz • Plural

Der Relativsatz mit Präposition

# Der Relativsatz

**Nominativ**

| Maskulinum | Femininum | Neutrum |
| --- | --- | --- |

| **der** | **die** | **das** |
| --- | --- | --- |

| Wer ist hier Andreas? | Wer ist hier Monika? | Wer ist hier Maxi? |
| --- | --- | --- |
| Andreas ist *der* Mann, ***der*** Bier trinkt. | Monika ist *die* Frau, ***die*** raucht. | Maxi ist *das* Kind, ***das*** weint. |

*Der* Mann,
**der** Bier trinkt,
heißt Andreas.

*Die* Frau,
**die** eine Zigarre raucht,
heißt Monika.

*Das* Kind,
**das** weint,
heißt Maxi.

# Der Relativsatz
## Akkusativ

## den

Der Mann, **den** wir suchen, steht da drüben.
Ich sehe den Mann, **den** wir suchen.

Beispiele:
Der Computer, **den** ich gestern gekauft habe, ist kaputt.
Tim repariert den Fernseher, **den** er gefunden hat.
Peter gibt dem Hund, **den** er von Maria bekommen hat, einen Knochen.
Der Sohn des Mannes, **den** ich gestern getroffen habe, ist 5 Jahre alt.

## die

Die Frau, die wir suchen, steht da drüben.
Ich sehe die Frau, **die** wir suchen.

Beispiele:
Die Waschmaschine, **die** ich gestern gekauft habe, ist kaputt.
Tim repariert die Uhr, **die** er gefunden hat.
Peter gibt der Katze, **die** er von Maria bekommen hat, etwas Milch.
Der Sohn der Frau, **die** ich gestern getroffen habe, ist 5 Jahre alt.

## das

Das Haus, **das** wir suchen, steht da drüben.
Ich sehe das Haus, **das** wir suchen.

Beispiele:
Das Auto, **das** ich gestern gekauft habe, ist kaputt.
Tim repariert das Radio, **das** er gefunden hat.
Peter gibt dem Kaninchen, **das** er von Maria bekommen hat, Salat.
Der Vater des Mädchens, **das** ich gestern getroffen habe, ist 65 Jahre alt.

# Der Relativsatz

## Dativ

**dem**

Der König schenkt **dem** Mann Geld.

**der**

Der König schenkt **der** Frau Blumen.

**dem**

Der König schenkt **dem** Kind eine Wurst.

Der Mann,
**dem** der König Geld schenkt,
heißt Paul.

Die Frau,
**der** der König Blumen schenkt,
heißt Maria.

Das Kind,
**dem** der König eine Wurst schenkt,
heißt Tommi.

Paul ist der Mann, dem der König Geld schenkt.

Maria ist die Frau, der der König Blumen schenkt.

Tommi ist das Kind, dem der König eine Wurst schenkt.

**Beispiele:**
„Ich sehe den Mann, dem ich gestern geholfen habe."
Der Schüler, dem der Lehrer die Aufgabe erklärt, ist aus Peru.

**Beispiele:**
„Die Frau, der ich meine Adresse gegeben habe, hat heute angerufen." • „Das ist die Frau, der ich gefalle."

**Beispiele:**
„Ich fotografiere das Pferd, dem ich Zucker gegeben habe."
„Das Mädchen, dem ich geholfen habe, kommt heute Abend."

# Der Relativsatz

**Karl Huber ist der Mann, dessen Hut davonfliegt.**

Der Hut **des** Mannes fliegt davon.

## dessen

Beispiele

Ich sehe gerade den Jungen, dessen Hund mich gestern gebissen hat.

Das ist der Mann, dessen Hund ich gekauft habe.

**Maria Huber ist die Frau, deren Haar bis zum Boden reicht.**

Das Haar **der** Frau reicht bis zum Boden.

## deren

Beispiele

Die Sängerin, deren Konzerte immer ausverkauft sind, singt heute live im Fernsehen.

Ich treffe heute die Lehrerin, deren Auto ich repariert habe.

**Franzi Huber ist das Kind, dessen Teddybär vom Turm fällt.**

Der Bär **des** Kindes fällt vom Turm.

## dessen

Beispiele

Das Kind, dessen Mutter aus Brasilien stammt, spricht Deutsch und Portugiesisch.

Das Mädchen, dessen Fahrrad ich repariert habe, hat mir ein Buch geschenkt.

# Der Relativsatz

## Plural

| Die Leute, **die** fotografieren, sind Kunststudenten. | Die Leute, **die** der Reporter interviewt, sind Kunstexperten. | Die Leute, **denen** der Künstler die Skulptur zeigt, wollen die Skulptur kaufen. | Die Leute, **deren** Hund den Wärter beißt, sind schockiert. |
|---|---|---|---|
| **die** | **die** | **denen** | **deren** |
| Nominativ | Akkusativ | Dativ | Genitiv |

# Der Relativsatz

## mit Präposition

### Präposition + Akkusativ

Otto denkt **an den** Mann.

Otto denkt **an die** Frau.

Otto denkt **an das** Auto.

Der Mann,
an den Otto denkt,
war sein Lateinlehrer.

Die Frau,
an die Otto denkt,
ist seine Freundin.

Das Auto,
an das Otto denkt,
kostet 20 000 Euro.

Plural: Die Leute, an *die* Otto denkt, kennt er seit 10 Jahren.

### Präposition + Dativ

Kaspar spricht **mit dem** Mann.

Kaspar spricht **mit der** Frau.

Kaspar spricht **mit dem** Kind.

Der Mann,
mit dem Kaspar spricht,
ist 95 Jahre alt.

Die Frau,
mit der Kaspar spricht,
ist 29 Jahre alt.

Das Kind,
mit dem Kaspar spricht,
ist 8 Jahre alt.

Plural: Die Leute, mit *denen* Kaspar spricht, freuen sich.

# Fragen

Fragen
Entscheidungsfragen • offene Fragen

Fragen • lokal
wo? woher? wohin?

Fragewörter
wer? was? wen? wem? wessen?

Die indirekte Frage

Welch- ...? Was für ein?

# Fragen

| ? | W | ? |
|---|---|---|

**Trinken Sie Kaffee?** ☒ Ja. ○ Nein.

Verb Pos. 1

**Haben Sie kein Gemüse?** ☒ Doch. ○ Nein.

Verb Pos. 1

Beisp.: Raucht dein Vater? • Kommst du morgen? • Hast du Brot gekauft?
Kommst du morgen nicht? – Doch, ich komme. • Frierst du nicht? – Doch.

**Wann** trinken Sie Kaffee? Morgens, zum Frühstück.

**Wie alt** sind Sie? 95. Ich bin 95.

Beisp.: Wo wohnst du? • Warum kommst du morgen nicht? • Wer sagt das?
Wie groß bist du? • Welchen Apfel willst du? • Wie viele Briefmarken hast du?

# Fragen lokal

Wo? Wohin? Woher?

Länder • Städte • Regionen • Inseln

### Wo bist du?

| | | |
|---|---|---|
| • in | in Italien<br>in Paris<br>in Andalusien | Länder / Städte<br>Regionen<br>ohne Artikel |
| • in + Dat. | in der Türkei<br>in den USA<br>in der Toskana<br>im Sudan | Länder / Regionen<br>mit Artikel |
| • auf | auf Mallorca | Inseln ohne Artikel |
| • auf + Dat. | auf den<br>Philippinen | Inseln<br>mit Artikel |
| • zu Hause / daheim | | |

### Wohin gehst / fährst / fliegst du?

| | | |
|---|---|---|
| • nach | nach Italien<br>nach Paris<br>nach Mallorca<br>nach Andalusien | Länder / Städte<br>Inseln / Regionen<br>ohne Artikel |
| • in + Akk. | in die Türkei<br>in die USA<br>in die Toskana<br>in den Sudan | Länder / Regionen<br>mit Artikel |
| • auf + Akk. | auf die<br>Philippinen | Inseln mit Artikel |
| • nach Hause / heim | | |

### Woher kommst du?

| | | |
|---|---|---|
| • aus | aus Italien<br>aus Paris<br>aus Mallorca<br>aus Andalusien | Länder / Städte<br>Inseln / Regionen<br>ohne Artikel |
| • aus + Dat. | aus der Türkei<br>aus den USA<br>aus der Toskana<br>aus dem Sudan | Länder / Regionen<br>mit Artikel |
| • von + Dat. | von den<br>Philippinen | Inseln mit Artikel |
| • von zu Hause / von daheim | | |

# Fragewörter

Wer? • Was? Wen? • Wem? • Wessen?

## Nominativ

**Was** ist das? **Wer** bist du?

## Akkusativ

Ich verkaufe <u>die Burg</u>. **Was** verkaufst du?
Ich heirate <u>Bibi</u>. **Wen** heiratest du?

## Dativ

Ich gebe das Geld <u>einem Bettler</u>. **Wem** gibst du das Geld?

## Genitiv

Der Hund <u>des Königs</u> hat mich gebissen. ***Wessen*** Hund hat dich gebissen?

<u>Nom.:</u> „Was ist in diesem Koffer?" – „Zwei Hemden und eine Hose." • „Wer war Goethe?" – Ein deutscher Dichter." <u>Akk.:</u> „Was suchst du?" – „Meine Brille." • „Wen suchst du?" – „Meinen Opa." <u>Dat.:</u> „Wem willst du die Blumen hier schenken?" – „Meiner Frau." <u>Gen.:</u> „Wessen Auto ist das?" – „Das Auto des Kanzlers."

# Die indirekte Frage

**w ...**

Verb am Ende

Wissen Sie, **wo** das Schwimmbad **ist**? indirekt

Wo ist das Schwimmbad? direkt

**ob ...**

Weißt du, **ob** sie verheiratet **ist**? indirekt

Ist sie verheiratet? direkt

W ...: Wann beginnt das Konzert? → Wissen Sie, wann das Konzert beginnt? • Wie viel kostet der Eintritt? → Können Sie mir sagen, wie viel der Eintritt kostet? **ob**: Kommt Rudi auch zu Evas Party? → Weißt du, ob Rudi auch zu Evas Party kommt? • Kommt Herr Hwang aus China? →Weißt du, ob Herr Hwang aus China kommt?

# welch- / was für ein-

Auswahl | Eigenschaft

**Welches** Auto möchten Sie kaufen?

*Das* Auto rechts.

**Was für ein** Auto suchen Sie?

*Ein* grünes mit 4 Türen.

| | ***Mask.*** | ***Fem.*** | ***Neut.*** | ***Plural*** |
|---|---|---|---|---|
| ***Nom.:*** | welcher | welche | welches | welche |
| ***Akk.:*** | welchen | welche | welches | welche |
| ***Dat.:*** | welchem | welcher | welchem | welchen |
| ***Gen.:*** | welches | welcher | welches | welcher |

**Beispiele**

A: „***Welches*** Hemd gefällt dir besser? ***Das*** rote oder der blaue?“ – B: „Das blaue.“

A: „***Welchen*** Mann haben Sie gestern in der Bank gesehen? ***Den*** Mann hier links oder den rechts?“ – B: „***Den*** Mann links.“

Polizist: „***Was für ein*** Hund war in seinem Auto?“ – Zeuge: „***Ein*** brauner Terrier.“

A: „***Was für*** Leute kaufen diese teuren Uhren?“ – B: „Reiche Geschäftsleute.“

| | ***Mask.*** | ***Fem.*** | ***Neut.*** | ***Plural*** |
|---|---|---|---|---|
| ***Nom.:*** | was für ein | was für eine | was für ein | was für |
| ***Akk.:*** | was für einen | was für eine | was für ein | was für |
| ***Dat.:*** | was für einem | was für einer | was für einem | was für |
| ***Gen.:*** | was für eines | was für einer | was für eines | was für |

# hin • her

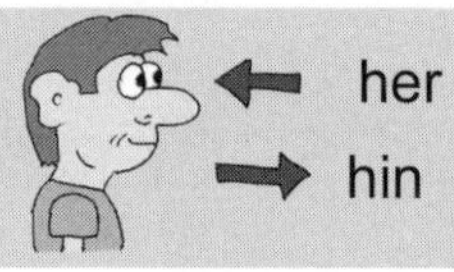


*her*ein rein *hin*ein

„Komm **herein**, Maria!“ (rein) „Geh **hinein**, Maria!“ (rein)

*heraus* raus *hinaus*

„Komm **heraus**, Otto!“ (raus) „Geh **hinaus**, Otto!“ (raus)

*her*über rüber *hin*über

„Komm **herüber**, Peter!“ (rüber) „Geh **hinüber**, Peter!“ (rüber)

*her*auf rauf *hin*auf

„Komm **herauf**, Anna!“ (rauf) „Geh **hinauf**, Anna!“ (rauf)

*her*unter runter *hin*unter

„Komm **herunter**, Sarah!“ (runter) „Geh **hinunter**, Sarah!“ (runter)